MW00642078

Tu Diosa
Guerrera interior

books4pocket

HeatherAsh Amara

Tu Diosa
Guerrera interior

Conviértete en la mujer poderosa
que llevas dentro

URANO
Argentina - Chile - Colombia - España
Estados Unidos - México - Perú - Uruguay

1ª edición en **books4pocket** abril 2018

Impreso por Novoprint, S.A. – Energía 53 – Sant Andreu de la Barca (Barcelona)

Fotocomposición: Ediciones Urano, S.A.U.

ISBN: 978-84-16622-24-5
E-ISBN: 978-84-9944-840-4
Depósito legal: B-4.260-2018

Código Bic: VXA
Código Bisac: SEL023000

Impreso en España – *Printed in Spain*

Este libro está dedicado a todas las mujeres de este hermoso planeta. Permitámonos reclamar el amor fiero de la guerrera y encarnar la sabiduría de la diosa para aportar equilibrio y armonía a la Tierra.

Hubo un tiempo en que el riesgo de seguir encerrada en el capullo fue más doloroso que el riesgo que conllevaba florecer.

ANAÏS NIN

Índice

Prólogo

En *Tu Diosa Guerrera interior*, HeatherAsh Amara comparte su experiencia como maestra, amiga y guía que ayuda a una nueva generación de mujeres a iniciar su propio viaje de transformación interna.

Este libro combina la sabiduría de varias tradiciones y las aúna en un hermoso sendero. De estas enseñanzas se desprende el conocimiento de que una idea nada significa sin el paso correspondiente hacia la acción; por lo tanto, la obra está llena de ejercicios que están diseñados para ponerte en contacto con tu yo divino.

Como pronto verás, el camino de la Diosa Guerrera se forjó en el amor.

HeatherAsh Amara entró en mi vida hace veinte años como una estudiante universitaria que ante todo tenía muchas preguntas por hacer; tantas, que eligió a varios profesores de diversas tradiciones, incluyéndome a mí, y empezó su camino hacia el conocimiento. Al principio quería entender todo lo que existía fuera de sí misma, pero sus maestros le indicaban que mirara en su interior. Por eso, cuando su resistencia a emprender esa dirección cesó, su sendero hacia la comprensión exterior se convirtió en un viaje de autoconocimiento. Las páginas que siguen son el resultado de ese viaje.

El camino de la Diosa Guerrera se describe en diez lecciones. Las tres primeras te ayudarán a centrarte en ti misma y a valorar el lugar donde te encuentras; las siguientes seis leccio-nes te guiarán por un sendero de transformación personal; y la lección final te invita a vivir tu verdad como Diosa Guerre-ra en tu vida cotidiana.

Me siento muy feliz de que la joven que entró en mi clase hace veinte años no solo se haya convertido en una mujer radiante, en una maestra, una escritora y una Diosa Guerrera, sino, lo que es mejor, que se haya convertido en una expresión del amor incondicional.

Con esta gran obra de arte, permite que las palabras y las enseñanzas de esta artista te guíen hacia tu divino yo y al flo-recimiento del amor incondicional que hay en tu corazón. Este es el viaje del amor, que es el camino de la Diosa Guerrera.

En la tradición tolteca, el último paso antes de que el aprendiz se convierta en maestro es el momento en que el dis-cípulo se libera del maestro como si de una muleta se tratara y aprende a caminar recurriendo a la fuerza de su propia vo-luntad. La huella de las lecciones de su maestra queda de ma-nifiesto en sus pasos subsiguientes, pero lo que brilla al través es la sabiduría de sus propias experiencias. HeatherAsh Ama-ra fue mi discípula en el pasado, y ahora es mi igual.

Gracias, HeatherAsh Amara, por dar a luz este maravillo-so libro.

Don Miguel Ruiz
Autor de *Los cuatro acuerdos*
y *La maestría del amor*

Prefacio

Sentí la llamada a trabajar con mujeres hace muchos años, cuando di mi primera clase en la universidad, titulada «Las mujeres y la sociedad», y empecé a investigar sobre la espiritualidad basada en la Tierra.

La espiritualidad basada en la Tierra es cualquier religión o tradición que en su punto central honre a la Tierra, la naturaleza y todas las manifestaciones de la vida. Practicada por pueblos de todo el mundo, desde las tribus amerindias pasando por los chamanes africanos hasta los científicos de nuestros tiempos, la espiritualidad basada en la Tierra considera que la Tierra es la Madre, la que nos da la vida, nos nutre y nos aporta una reflexión interior y la sabiduría.

Conectadas con los ciclos de la Tierra y del Sol, estas enseñanzas tradicionales honran la luz y la oscuridad, los comienzos y los finales, lo masculino y lo femenino, el nacimiento y la muerte. Todo está incluido; todo es sagrado. Mientras me sumergía en el estudio de las distintas tradiciones, descubrí en lo más profundo de mi ser que me sentía como en casa con el chamanismo europeo y sus enseñanzas sobre honrar a la Madre Tierra. Los arquetipos de la doncella, la madre y la anciana sabia y los distintos aspectos de la Diosa me inspiraron para que empezara a amarme a mí misma como mujer en lugar de intentar parecerme más al Dios masculino y a la gente considerada (en su mayoría hombres) modelos y guías.

Con el tiempo encontré a maestros que me guiaron y me «reclutaron» para que impartiera enseñanzas a un ingente número de mujeres que no cesaba de venir a mí pidiendo aprender. Como mujeres, anhelamos el reflejo femenino de lo divino y una espiritualidad que nos dé poder para conectar con nuestros dones naturales de la intuición, la sanación y la construcción de una comunidad. No estoy hablando de ser mejor que los hombres o de que queramos llevar vidas apartadas de nuestros hermanos, ni de ser especiales a causa de nuestra biología. Se trata de honrar la totalidad de la vida: lo femenino y lo masculino, lo humano y lo animal, las plantas y los minerales. Y se trata de la magia que surge cuando nos reunimos para reconocer nuestro poder como mujeres, y para honrar a todas las manifestaciones de la diosa que hay en cada una de nosotras y encontrar su inspiración.

Este libro nació a partir de un programa de un año de duración que creé en 1997 titulado Las Trece Lunas, nombre que adopté por los trece ciclos lunares que existen en un año. Las Trece Lunas se inspiró al principio en mis dos maestras, Vicki Noble y Cerridwen Falling-Star, de quienes fui alumna. Durante ese tiempo me sentí muy llena al ver cuánto se enriquecían las mujeres que se reunían para brindarse apoyo incondicional.

A través de Vicki aprendí lo que era la sabiduría ancestral de la intuición, la sanación y la sorprendente fuerza de las mujeres; por medio de Cerridwen me abrí a mi intimidad y vulnerabilidad con mis hermanas, me alineé con los ciclos de las estaciones y me abrí también al don sanador del ritual. Las Trece Lunas también se alimentaba de un pequeño círculo formado por mis hermanas del alma de la universidad, las Mujeres del Sí, que se reunía cada semana.

El núcleo transformador de Las Trece Lunas fue el resultado de un largo aprendizaje sobre los toltecas y las enseñanzas de don Miguel Ruiz, autor de *Los cuatro acuerdos*. Los toltecas fueron un pueblo que eligió poblar el sur y el centro de México hace más de mil años. Sus gentes se consideraban «artistas del espíritu». En palabras de don Miguel: «Encuéntrate a ti mismo y exprésate a tu manera. Expresa tu amor de una forma abierta. La vida no es nada más que un sueño, y si creas tu vida con amor, tu sueño se convierte en una obra de arte.»

Tras tres años de intensos estudios, pude integrar las enseñanzas primordiales del chamanismo europeo y de la sabiduría tolteca a mi vida cotidiana. Hallé que existía un poderoso equilibrio entre ambos durante el curso que impartí de Las Trece Lunas, y empecé a enseñar a las mujeres esta mezcla de filosofía guerrera tolteca y de espiritualidad de la diosa europea para darles la fuerza de crear un cambio positivo en sus propias vidas.

Y vaya si funcionó… En el primer año del programa vi florecer a dieciséis mujeres como lo hacen las flores silvestres tras las lluvias primaverales. En un círculo que decía SÍ a la verdad y autenticidad personales, cada mujer se abría paso a través de las malas hierbas de las dudas personales y afirmaba su camino. Desde terminar antiguos proyectos hasta iniciar profesiones nuevas, desde acabar con patrones familiares anquilosados hasta crear una familia, desde curar un trauma sexual hasta reclamar su pasión por la vida, cada mujer se esforzó por hacer algo al respecto.

Este primer círculo de Las Trece Lunas se convirtió en un círculo de aprendizaje para mujeres de todo el mundo. Nuestro centro global vía página web cruza todas las fronteras para conectar a las mujeres, tanto en grandes ciudades como en pueblos aislados, en un círculo que abre de par en par las puertas de la posibilidad y el amor por una misma.

El programa Tu Diosa Guerrera interior es la expresión más novedosa de las enseñanzas de Las Trece Lunas, imbuida de años de experiencia y resumida en diez lecciones potencialmente simples. Que nutran tu corazón y tu alma para que florezcas como la Diosa Guerrera que eres.

A pesar de que soy la madre que dio a luz la forma inicial de Las Trece Lunas y ahora el programa de Tu Diosa Guerrera interior, las enseñanzas provienen de nuestras abuelas, y de las abuelas de nuestras abuelas; se nos han transmitido verbalmente, y han sido recreadas y reinventadas por las abuelas y las madres modernas de todas las mujeres. Honro especialmente a la madre Sarita, la madre de don Miguel, por las múltiples maneras en que me guía a través de las enseñanzas del linaje tolteca, incluso tras su muerte.

Introducción

No quiero llegar al final de mi vida y descubrir que la viví a lo largo de su curso. Quiero haberla vivido a lo ancho también.

DIANE ACKERMAN

Eres completa. Eres poderosa. Eres divina.

Cuando lees estas palabras, ¿sientes que resuenan en tu interior?

¿O en lugar de eso sientes el asfixiante peso de la autocrítica y las dudas? Quizá tu creencia profundamente arraigada es la de que no eres lo bastante buena, y como resultado has probado el agotador proceso de buscar lo que tiene valor fuera de ti misma a lo largo de la vida.

Si no te amas y no te honras con cada fibra de tu ser, si luchas por ser la dueña de tu poder y pasión, si pudieras recurrir a tu alegría y a la simple presencia en tu vida, habría llegado la hora de tu revolución interior. Es hora de reclamar la energía de tu Diosa Guerrera.

Como mujeres, se nos enseña a buscar nuestra unidad y valor y a encontrar el amor a través de los demás. Hace cincuenta años nos decían que con un marido y unos hijos nos sentiríamos completas, que era nuestra única opción. En la actualidad lo que nos hace valiosas puede ser un amor, tu profesión, o incluso emprender un camino espiritual. En raras ocasiones nos vemos perfectas tal como somos. A menudo basamos nuestra valía en quién nos ama o no nos ama, si necesitamos perder ese par de kilos, o veinte kilos, que nos sobran, y si podemos llevar a cabo tres tareas simultáneamente con una sonrisa en los labios.

La revolución de las mujeres nuevas es la evolución que representa pasar de estar centradas en el exterior a estarlo en el interior. Cuando nuestra atención queda atrapada en esos «debería» de miedo, «qué pasaría si» y «no puedo con», desperdiciamos nuestra energía y luchamos para saber lo que tiene un valor genuino para nosotras. Cuando trasladamos nuestra atención para descubrir quiénes somos en nuestro interior (no quiénes desearíamos ser o quiénes creemos que deberíamos ser), empezamos el camino sagrado de la transformación hacia nuestro poder innato, auténtico y personificado.

Este es el camino de la Diosa Guerrera.

La energía de la guerrera es una combinación de centro, dedicación, propósito y determinación. Reunir conscientemente estas cosas nos da poder. Cuando empleamos nuestra energía de la guerrera interior tenemos confianza, somos claras y aportamos el cien por cien de nosotras en cada acto.

La energía de la diosa es nuestro flujo creativo: el amor incondicional, el placer, la pasión y la sabiduría. Cuando reclamamos nuestra energía de diosas vivimos en una alegre aceptación y respeto por nosotras mismas, y escuchamos nuestra sagrada voz interior.

Empecemos pues por el principio.

La ironía es que el primer paso no consiste en ser más reflexivas o entrar en otro estado del ser. Más bien exige que renuncies a ciertas cosas a las que llevabas mucho tiempo aferrada. En el camino de la transformación tienes que estar dispuesta a abandonar tus falsas creencias y las historias que te autolimitan.

Una historia es lo que nos contamos a nosotras mismas y a los demás para explicarnos por qué somos como somos. Nuestras historias pueden ser inspiradas o nacer del miedo y la culpa. Nuestras historias podrían llenarnos de energía y entusiasmo o hacernos sentir inútiles y víctimas, o bien ponernos de mal humor y a la defensiva. Las historias que nos contamos y que limitan nuestra expresión y alegría están pobladas de falsas creencias y apegos que en realidad no nos sirven. La pregunta que nos hemos de hacer es la siguiente: ¿mi historia está causando un drama interno y externo o me aporta paz y plenitud?

Esas voces interiores que dicen «no soy lo bastante lista», «no soy lo bastante bella» o «no soy lo bastante extrovertida» son las ideas falsas que constituyen el fundamento de la estructura limitadora de creencias que tenemos. Muchas nos hemos estado contando estas historias durante tanto tiempo que ya no las reconocemos como tales; las aceptamos como hechos constatados. ¡Nada más lejos de la realidad!

Si estás dispuesta a dejar de aferrarte a tus limitaciones, el primer paso es soltar la creencia de que eres una víctima o una mártir. Si te ves a ti misma como impotente e inútil, o necesitas creer que eres algo que en realidad no eres para que te acepten, estas historias gobernarán tu vida y definirán tu realidad.

Es hora de quitarte las máscaras o las corazas protectoras tras las que te ocultas para vivir el mundo con plenitud. Tienes que estar dispuesta a abandonar con generosidad el pasado y rendirte al futuro. Y lo más importante, *debes estar dispuesta a abandonar la persona que crees que deberías ser para ponerte del lado de la persona que eres.*

Vamos a prepararte para que seas ese yo hermoso y poderoso.

En la historia mítica del héroe, un solo hombre se aventura para buscar fortuna, combatir el mal, salvar de paso a un par de mujeres y demostrar su fuerza contra todos los obstáculos.

En la historia moderna de la heroína de la Diosa Guerrera, una sola mujer se aventura para descubrirse a sí misma, combatir el miedo y las dudas, reclamar su poder y vibración y demostrar la fuerza de su compasión y su amor fiero.

Como heroínas del siglo XXI, tenemos una gran cantidad de obstáculos que superar y muchos demonios que matar en nuestro viaje para liberar nuestro auténtico yo. Vivimos en una época en la que la presión, el odio por uno mismo, el maltrato personal y las adicciones son normales, y en la que el maltrato sexual, emocional y físico prevalece por encima de muchas cosas. Y mientras nos sentimos bendecidas porque nuestras abuelas y madres hollaron el camino para la liberación y la libertad personal de las mujeres en el mundo exterior luchando por cuestiones como el derecho al voto, un trato equitativo en el lugar de trabajo, etcétera, la mayoría seguimos encadenadas porque intentamos vivir según los postulados, las creencias y unos ideales que no son los nuestros.

Tu Diosa Guerrera interior trata de descubrir quién eres en realidad y lo que deseas, y armada con esos conocimientos, crear una realidad externa que encaje de manera auténtica con quien eres tú en el interior.

Como escriben Carrie McCarthy y Danielle LaPorte en su libro *Style Statements*, la vida empieza a volverse aburrida y problemática cuando no logramos mirar en nuestro interior, cuando perdemos el contacto con nuestro propio sentido de lo que está bien o está mal. Cuando nos alimentamos a base de una dieta de ideas sobre el éxito y la felicidad que otras personas han cocinado, nuestro carácter genuino empieza a morirse de hambre y elegimos lo que llevar a nuestras vidas y mostrar al mundo a partir de la debilidad.

El paso de estar centrado en el mundo exterior a estarlo en el interior requiere valor. Es más fácil seguir en lo que ya sabemos, quedarnos a salvo en lo conocido. Pero en el camino de la Diosa Guerrera no hay una plantilla de talla única, ningún molde al que ajustarse, ninguna carta que te libre de la cárcel, ningún príncipe azul que te salve y ningún maestro consagrado, amoroso gurú o poderoso chamán que en un instante revele en ti lo que eres en realidad. Este es un viaje que harás sola, pero al estar rodeada de hermanas y hermanos que te brindarán su apoyo, te volverás hacia tu interior y limpiarás la suciedad, el ruido, el estancamiento o la monotonía para revelar la radiante joya que eres.

La buena noticia es que nunca es demasiado tarde para sacar a la luz tu auténtico yo. Es lo que necesita el planeta en estos momentos: te necesita a ti misma, al cien por cien.

Mujeres de todo el mundo están dando pasos para recuperar su yo auténtico, creativo y maravillosamente único. Nos estamos desprendiendo de la anticuada y descolorida ropa de la guerra, la dominación, la competición, los celos y la represión. Nos elevamos como el Sol, y brillamos con la grandeza y la luz de la Luna llena. Decimos sí al poder del amor fiero, la compasión, la autenticidad constante y la vulnerabilidad. Son los atributos de nuestro centro guerrero y la alegría de la diosa.

Reclamar esta autenticidad femenina no nos convierte en seres más evolucionados que los hombres, ni en mejores personas que las hermanas que están viviendo su domesticidad en lugar de su esencia. Como humanos todos somos iguales, todos preciosos.

Todos somos uno. A veces estamos tan perdidos en la niebla de nuestras propias creencias limitadoras que necesitamos un guía que nos lleve de vuelta a la luz del amor incondicional por nosotras mismas y a la aceptación de nosotras mismas. Este libro nos hará de guía.

REGRESAR AL CÍRCULO

Durante miles de años, en tribus y pueblos de todo el mundo, las mujeres se han reunido en círculos para compartir, enseñar, escuchar y aprender. El pulso de estas mujeres todavía late en nuestro interior. Su sabiduría fluye a través del tiempo susurrándonos una canción de conexión femenina y belleza. Solo necesitamos detenernos el tiempo suficiente y prestar oídos a nuestro corazón para oír la llamada.

Un hermoso ejemplo de mujeres que se reúnen para curarse y aprender fue el refugio lunar. Como la madre Araña del clan amerindio escribe en su libro *Songs of Bleeding*: cuando las mujeres empezaban a menstruar, se marchaban de su casa y dejaban a sus familias para acudir al espacio sagrado e introspectivo del refugio menstrual. El refugio era honrado y respetado por la comunidad entera, porque los sueños y las visiones de las mujeres que estaban menstruando aportaban una información vital para la supervivencia sobre el conocimiento de las plantas y la sanación y eran una guía sobre las relaciones de la comunidad. Cuando había preguntas que necesitaban respuesta, las mujeres iban al refugio y preguntaban a los ancestros.

En ese lugar, apartadas de la vida cotidiana, la sabiduría de las mujeres pasaba de unas a otras y se compartían nuevas reflexiones y visiones para beneficio de la comunidad entera. A pesar de que muchas de estas antiguas enseñanzas ancestrales se perdieron, siguen vivas en nuestro interior.

Veo la sabiduría de nuestras madres como una semilla que cada una de nosotras hereda en el nacimiento, esperando con paciencia salir de la tierra y abrirse. Este es nuestro patrimonio, la casa futura para nosotras y nuestro círculo.

Como escribió Starhawk, autora de *La danza en espiral: un amor infinito,* y una de las principales inspiradoras del movimiento de la diosa:

Todas estamos deseando llegar a casa, un lugar en el que nunca hemos estado; un lugar recordado y vislumbrado apenas que solo podemos atisbar de vez en cuando. La comunidad. En algún lugar existen personas con las que podemos hablar con pasión sin que las palabras se nos atraganten. En algún lugar un círculo de manos se abrirá para recibirnos, varios ojos se iluminarán cuando entremos, unas voces celebrarán con nosotras las veces que conectemos con nuestro poder. La comunidad es la fuerza que se une a la nuestra para hacer el trabajo que debe hacerse. Unos brazos que nos sostengan cuando flaqueamos. Un círculo de sanación. Un círculo de amigas. Un lugar en el que podemos sentirnos libres.

Este libro representa una reunión sagrada de mujeres que sanan, ríen y crecen. En estas páginas descubrirás las lecciones de la Diosa Guerrera. Cada capítulo es un camino de descubrimiento, de despertar y de reconectar con tus raíces femeninas y tu comunidad. Cada palabra te invita a convertirte en la mujer que llevas en tu interior.

Las tres primeras lecciones de la Diosa Guerrera son fundacionales, diseñadas para ayudarte a comprometerte, alinearte y purificar tu ser. Las siguientes seis lecciones son transformacionales, un viaje guiado para limpiar y vitalizar los principales aspectos de ti misma. La lección final es inspiradora, y te anima a que lleves tu luz al mundo con mayor intensidad.

Cada lección está diseñada para ayudarte a desprenderte de la monótona piel de los viejos patrones y costumbres y emerger como la Diosa Guerrera que te está esperando en tu interior. Cada lección también ofrece ejercicios prácticos a los que sacarles punta para continuar la transformación de tus mundos interior y exterior. Muchos capítulos empiezan con mi historia personal sobre los episodios en los que he luchado y las experiencias que he adquirido, los tropezones espectaculares, mis recuperaciones y el seguir adelante. No finjo haber llegado a la iluminación, ser alguien espiritualmente avanzado o completo en su aprendizaje. Me considero una guerrera determinada y una diosa pícara, una fabulosa obra en progreso. Soy una mujer, como tú, que aprende, crece, ríe y llora. Cometo errores. Piso a los demás. Me veo atrapada por el miedo y las dudas. Todavía me tomo las cosas de una manera personal. A veces me siento invencible, a veces me siento frágil y vulnerable. Honro y valoro todas esas partes de mí misma; incluso las que no me gustan tanto. Espero que antes de terminar este libro, tú también ames tus errores, te rías de tus miedos, tengas confianza en ti misma y conozcas el fecundo apoyo de tus hermanas.

Para complementarlo, al final del libro encontrarás una sección dedicada a otras lecturas que ofrece una lista de libros que puedes consultar mientras trabajas tu camino en cada lección. También te animo a conectar con otras Diosas Guerreras en tu viaje, por eso la sección de Recursos ofrece en una lista todos los sitios de la Red donde puedes ir para encontrar a lectoras de *Tu Diosa Guerrera interior* en otras partes del mundo, además de distintos recursos añadidos para cada lección de la Diosa Guerrera.

Me hace mucha ilusión y me siento honrada de iniciar este viaje contigo, un viaje en el que reclamamos a nuestro fiero yo guerrero y abrazamos nuestra grandeza de la diosa de lo divino femenino. Deseo que abras esta puerta hacia ti misma con el encanto de una niña que desenvuelve el regalo más ansiado. El amor, la fe y la integridad que has estado buscando te esperan. Empecemos tomándonos un momento para conectar con todas las mujeres del mundo. Accede al mundo de nuestras antepasadas. Respira y atrae la fuerza y la sabiduría de la abundancia de las féminas completas que han sido inspiradas por la Diosa Guerrera a lo largo de todas las épocas. Exhala y abandona tu antigua manera de ser para hacer espacio y dejar que emerjan tu intuición, reflexión y amorosa ferocidad.

Y ahora asume el compromiso de ser totalmente TÚ al cien por cien.

Eres completa. Eres valorada. Eres amada.

Veo tu totalidad.

Sé lo que vales.

Te quiero tal como eres.

Bienvenida al camino de la Diosa Guerrera.

Explicación de los términos clave

Antes de iniciar este viaje juntas quiero explicar algunos términos clave que utilizaré en este libro para asegurarme de que vamos a la par.

Acuerdos: Cada vez que decimos sí a una creencia o a una manera de ser, aunque lo hagamos inconscientemente, estamos estableciendo un acuerdo. Los acuerdos pueden sernos de utilidad, como cuando establecemos el acuerdo de dejarde ingerir lo que al cuerpo no le gusta o puede hacerle daño, o como cuando aceptamos las opiniones equivocadas de los demás como un hecho (el racismo y el sexismo son buenos ejemplos de ello). Los acuerdos también pueden tomarse de forma consciente o inconsciente. Un acuerdo consciente puede ser un contrato que firmes, una promesa que hagas o un objetivo que te marques. Un acuerdo inconsciente puede ser que nunca cantes o bailes porque tu madre y tu padre nunca cantaron o bailaron. Cuando seamos conscientes de nuestros acuerdos decidiremos mejor cuáles son los que nos sirven y cuáles los que queremos abandonar.

Apego: Cuando tenemos expectativas o deseos sobre cómo deberían ser las personas, las cosas o los acontecimientos, tenemos un apego. Cuando estamos muy apegados, nos aferramos a algo externo a nosotros para sentirnos seguros. Cuanto mayores son las expectativas, más fuerte es el apego, y más sufrimos cuando no se cumplen o desaparecen. Como seres humanos que somos nos apegamos naturalmente a las cosas que amamos: a las personas, a nuestras casas, a nuestros animales. También nos apegamos a cosas que definen nuestra valía personal: nuestra juventud, nuestro trabajo, nuestra inteligencia. A medida que encontramos una mayor estabilidad y paz interiores, nuestros apegos externos empiezan a mitigar, y nos embarga un amor y una aceptación más incondicionales que el miedo, incluso cuando se da el cambio.

Domesticación: En el contexto de este libro, la domesticación expresa la idea tolteca de lo condicionados que estamos por la sociedad en que vivimos. Es la manera en que nos enseñan a comportarnos o a encajar, en general con la recompensa de la aceptación o el castigo de retirarnos el cariño. Mientras que la domesticación es importante para pasar por el aro y adoptar las normas de la sociedad en la que nacemos, a menudo crea una fractura interna entre quiénes somos y quiénes nos han dicho que deberíamos ser. Cuando elegimos ser lo que los demás quieren que seamos, terminamos insatisfechos con nuestra propia vida, porque no vivimos a partir de nuestra autenticidad, sino de nuestra domesticación.

La espiritualidad de la Diosa Tierra: La religión ofrece una ley y una estructura, un lugar de refugio en forma de un edificio y una comunidad donde nos reunimos para celebrar las enseñanzas de un profeta o una cultura. La espiritualidad es una conexión personal consciente con lo divino, tan diversa como diversos son los individuos. La espiritualidad de la Tierra considera sagrados la Tierra, los elementos (como el aire, el fuego, el agua, la tierra) y los ciclos de la vida, y observa a Dios no como un ser exterior, sino como la fuerza creativa que está inmanente en todas las cosas. La espiritualidad de la diosa alaba el reflejo de lo divino femenino y toma su inspiración de él, a veces manifestándose en un personaje absolutamente compasivo, como Kuan Yin en China, la Virgen María en Europa y la Virgen de Guadalupe en México; a veces también se la representa como una destructora feroz de lo ilusorio, como Kali en India o Hécate en Europa.

La mayoría de las tradiciones mundiales de la diosa no excluyen lo masculino, pero ven el principio divino como la madre que ama incondicionalmente a todos sus hijos, masculinos y femeninos. Riane Eisler, de *El cáliz y la espada: la alternativa femenina*, lo resume muy bien:

Los datos que se han obtenido de Catal Huyuk y otros enclaves neolíticos también indican que en estas sociedades, donde las mujeres eran sacerdotisas y artesanas, lo femenino no estaba subordinado a lo masculino. Aunque la sagrada unión entre lo femenino y lo masculino era un misterio religioso fundamental, los poderes que crean y gobiernan el universo en general se representaban como una diosa en lugar de un dios.

El chamanismo europeo: La espiritualidad precristiana basada en la Tierra floreció en lo que ahora son las islas Británicas y el continente de Europa. El chamanismo es un fenómeno global anterior a todas las religiones principales del mundo, y una práctica de revelación directa y curación a través de los viajes y la comunión con la naturaleza. Sandra Ingerman, autora de numerosos libros, entre ellos *Soul Retrieval: Mending with the Fragmented Self* y *Yearning for the Wind: Celtic Reflections on Nature and the Soul*, escribe lo siguiente:

El chamanismo nos enseña que todo lo que existe está vivo y tiene un espíritu. Los chamanes hablan de una red de vida que conecta toda la vida y el espíritu que vive en todas las cosas. Lo que existe en la Tierra está interconectado, y toda creencia que afirme que estamos separados de las otras formas de vida incluyendo la Tierra, las estrellas, el viento, etcétera, es pura ilusión. La misión del chamán en la comunidad es la de mantener la armonía y el equilibrio entre la humanidad y las fuerzas de la naturaleza.

El chamanismo europeo honra los cuatro elementos: el aire, el fuego, el agua y la tierra; los ciclos de las estaciones y la vida; y en algunas tradiciones la triple diosa: la doncella, la madre y la anciana sabia.

Los toltecas y la filosofía tolteca: Los toltecas eran unos antiguos pueblos indígenas que se reunieron hace miles de años en el sur y el centro de México para estudiar la percepción. Son los constructores de las pirámides de Teotihuacán, en México. Tras la conquista española del país, las enseñanzas toltecas siguieron compartiéndose en secreto y a menudo se transmitían de familia en familia. Las primeras enseñanzas toltecas asequibles a una gran audiencia fueron las enseñanzas de Don

Juan, a través del antropólogo Carlos Castaneda. Los numerosos libros de Castaneda, incluyendo *Viaje a Ixtlán* y *Relatos de poder* inspiraron a centenares de personas para que empezaran a incorporar la sabiduría tolteca a sus vidas. El escritor y profesor don Miguel Ruiz llevó la sabiduría tolteca a un público todavía más amplio con los libros que *The New York Times* incluyó en sus listas de superventas, *Los cuatro acuerdos* y *La maestría del amor*. En este último libro, Ruiz escribe que el conocimiento tolteca surge de la misma unidad esencial de la verdad como las tradiciones esotéricas sagradas que se han hallado en todo el mundo. Aunque no es una religión, honra a todos los maestros espirituales que han impartido sus enseñanzas en la Tierra. A pesar de tratar del espíritu, el conocimiento tolteca se describe con precisión como un modo de vida que se caracteriza por un acceso directo a la felicidad y el amor. La palabra *tolteca* significa «artista del espíritu».

LECCIÓN UNO

Comprométete contigo misma

No te rindas nunca.
No cedas nunca.
Nunca dejes de intentarlo.
Nunca te vendas.
Y si sucumbes a alguna de estas cosas
durante un instante,
levántate, sacúdete,
susurra una oración
y empieza donde lo dejaste.
Pero nunca, nunca abandones.

RICHELLE E. GOODRICH

La mayoría de las mujeres saben lo que es el compromiso. Nos comprometemos a ocultar o exagerar nuestros defectos, intentando hacer que los demás sean felices o estén cómodos a expensas de nuestra felicidad y comodidad, apoyamos los sueños de los demás a expensas de nuestros propios sueños o nos criticamos (y a los demás también) a cada momento. Nos comprometemos con quienes deberíamos ser en lugar de comprometernos a conocernos a nosotras mismas en el punto en el que estamos. Nos comprometemos a vernos con los ojos de los demás y calibramos nuestro valor en función de su aceptación en lugar de admirar nuestra belleza y fortaleza interiores y únicas. Nos comprometemos a ser agradables en lugar de ser auténticas, o nos comprometemos a tener razón en lugar de ser vulnerables. Y cuando las personas de nuestras vidas no se comportan como creemos que deberían, nos enfadamos y nos desanimamos o, peor aún, nos desquitamos. Justificamos nuestros estallidos emocionales o nuestro mal comportamiento basándonos en las acciones de los demás, y al actuar así, a menudo actuamos de la misma manera que la persona que nos ha provocado. Cuando damos a los demás el poder de presionar nuestras teclas emocionales, nos convertimos en sus esclavas, con frecuencia sin darnos cuenta. El problema es que nosotras somos las únicas que sufrimos.

Nuestra primera lección de la Diosa Guerrera es comprométete contigo misma, y está diseñada para cubrir el vacío que existe entre el rechazo por una misma y la verdadera aceptación, pensar y ser, desear y convertirse en eso que desea.

Este compromiso con una misma nos enseña que no hay ningún tesoro oculto ni ningún salvador fuera de nosotras mismas; que nosotras somos el tesoro que hemos estado buscando. O, por decirlo de otra manera, somos la persona que habíamos estado esperando.

Tu compromiso con esta idea es la activación de tu poder de Diosa Guerrera. Cuando tus palabras, pensamientos y actos amparen el maltrato personal y las autocríticas, estarás utilizando tu inmenso poder contra ti misma. El tipo de negación emocional, mental y física puede adoptar muchas formas: decir sí cuando en realidad quieres decir no, estar en relaciones que no te aportan nada, pensar y creer cosas que minan tu energía y entusiasmo, tomar alimentos que a tu cuerpo no le gustan.

Comprometerte con tu auténtica y genuina Diosa Guerrera es el principio de un viaje de por vida para vivir en la autenticidad.

Dado que he trabajado para liberarme de los antiguos hábitos de las matrices que hay en mi interior, como «necesito asegurarme de que gusto a todo el mundo» o «necesito que me salven», a veces me sorprendo de lo profundo que está arraigado este patrón en mí. He avanzado por este camino durante veinte años, y sin embargo la vida te presenta cambios nuevos e inesperados, y cada una de estas circunstancias es una invitación para que mire en mi interior y abandone lo que todavía me retiene. Como las capas de una cebolla, hay que ir pelando, y cada capa a menudo va acompañada de un baño de lágrimas. Pero cada vez que estoy dispuesta a mirar hacia dentro me siento muy agradecida por todas las experiencias, por cada obstáculo, por cada aprendizaje, porque he aprendido a utilizar todo lo que surge en mi campo de conciencia como una herramienta para descubrir quién soy en realidad.

La pieza clave para comprometerte contigo misma es muy simple: aprende a amar todo lo que eres, incluso los defectos. Sin embargo, puede resultar una tarea difícil. Te comprometes contigo misma en la medida en que quieres abandonar el pasado y cualquier idea que afirme que «deberías» ser distinta de lo que eres en este momento. La curación más profunda se da cuando aprendemos a ser nuestras mejores amigas, compañeras y animadoras.

Por ejemplo, el año en que se publicó mi libro *The Toltec Path of Transformation* fue un punto de inflexión en mi vida que me mostró lo que significa en realidad el compromiso con una misma. La misma semana que salió mi libro al mercado mi marido, compañero de enseñanzas y socio en el negocio, se marchó de casa y se trasladó a Colorado. Me sentí como si alguien me hubiera entregado una hermosa creación de 160 páginas tras varios meses de arduo trabajo y luego me hubiera cortado de cuajo una pierna. No sabía cómo detener la hemorragia ni cómo iba a alternar, hundida en la pérdida, las enseñanzas de mi libro con el cuidado de mi negocio y mi comunidad.

Por suerte, el libro que acababa de escribir se convirtió en una guía que me recordó los pasos que hay que dar hacia la libertad. Había escrito el libro perfecto en el momento perfecto; solo que no me daba cuenta de que lo había escrito para mí. Cuando releo los primeros párrafos de *The Toltec Path of Transformation*, maldigo, lloro y río a la vez. Esto es lo que escribí en la introducción:

¿Alguna vez tu mundo se ha puesto patas arriba en un instante?

¿Te has esforzado por alinearte con un gran cambio en tu vida?

¿Has deseado que algún aspecto de tu vida cambiara?

Tener una forma física significa que estás constantemente invitado a ajustarte al cambio, tanto si es alegre como si es espantoso. Desde que se te cae el primer diente hasta que te rompen el corazón por primera vez, desde la graduación del instituto hasta la pérdida de un amigo, desde empezar un nuevo trabajo hasta adaptar-

se a una enfermedad crónica, la vida sigue fluyendo, y a veces lo hace con suavidad, pero otras de una manera abrupta, alterando el paisaje de tu vida.

El modo en que te adaptes a los cambios de tu vida puede marcar la diferencia entre estar esforzándote y tener miedo o vivir agradablemente y con confianza. La pura verdad es que cuando luchas contra el cambio, sufres. Cuando abrazas el cambio, te abres a la creatividad, la posibilidad y la curación.

El cambio es inevitable, pero la transformación es por una elección consciente. Mientras no siempre se tiene control sobre cómo o cuándo suceden los cambios en la vida, puedes elegir cómo estás en relación con dichos cambios. Cuando das un paso adelante en lugar de ignorar, luchar o resistirte al cambio, estás reclamando tu libertad personal. Das un paso hacia el camino de la transformación, y pasas de ser una víctima del cambio a ser una co-creadora del cambio.

Maldita sea, pensé. El universo me estaba dando otra oportunidad más profunda para «aprender a caminar».

Y ahí estaba yo, sollozando en la cocina, echando de menos a mi amigo y amante. La casa estaba vacía, como si de ella hubiera huido toda la comodidad y la alegría. Me debatía entre la conmoción paralizante de hallarme en una isla desierta y la sensación de un asfixiante dolor oceánico.

Y de repente se despejó mi mente, y una cierta claridad surgió como una estrella en el horizonte entre la arrolladora tormenta de mis emociones. Me oí decirme a mí misma: «¿Qué echas de menos de él?»

En mi interior me desplacé a través de incontables imágenes y sentimientos de nuestros diez años de convivencia, enseñanza y trabajo. Lo que me dolía en ese momento era su amor y presencia apacibles y serenos.

En un abrir y cerrar de ojos me di cuenta de que tenía dos opciones: podía pasarme años anhelando lo que ya no estaba en el presente o podía comprometerme con una nueva Diosa Guerrera.

Cuando el oleaje del dolor amenazaba con volverme a engullir, recuperé mi poder de Diosa Guerrera.

«Muy bien, cariño —me dije en voz alta—. ¿Qué vas a hacer para devolver a este espacio lo que has perdido, un amor apacible y sereno? ¿Cómo puedes crearlo para ti?»

Mientras miraba mi casa sonreí. Sabía que había llegado el momento de dejar de mirar hacia fuera buscando un amor apacible y sereno y comprometerme de una manera creativa a cultivar aquello que anhelaba. Durante los seis meses siguientes limpié mi exterior, el desorden, y cambié los muebles de sitio; fui más despacio internamente, aumenté las meditaciones y practiqué el estar más calmada al amarme a mí misma y a los demás.

También hice un duelo y sufrí unos colapsos emocionales espectaculares. Pero al final de cada uno de estos episodios, volvía a comprometerme con crear el amor sereno y apacible por mí misma que necesitaba tan desesperadamente. Con el tiempo los sentimientos de tristeza y dolor abandonaron mi ser, y me di cuenta de que ese cambio en las circunstancias de mi vida era exactamente lo que necesitaba. Mi vida era mejor a causa de ello.

El punto al que quiero llegar con este ejemplo es que cuando nos comprometemos con nosotros mismos, no tenemos que desviar nuestras emociones o comprar un bono gratuito de esos que dicen «todos los problemas se borran al instante». No nos convertimos como por arte de magia en la persona perfecta objeto de nuestras críticas por no serlo. Caminar por el sendero de la Diosa Guerrera es un proceso, que empieza con el compromiso de dotarnos de poder y sigue exigiéndonos que nos volvamos a comprometer con nuestra curación y nuestra verdad cada vez que nos enfrentamos a un nuevo y a menudo inesperado reto.

Cada vez que volvemos a comprometernos con nosotras mismas, las cosas cambian por dentro. Empezamos un proceso de alinearnos con nuestro auténtico poder, y de sostenernos de una manera distinta.

Veamos algunas definiciones de poder antiguas y nuevas, y cómo emplear la primera lección de la Diosa Guerrera para reforzar el compromiso contigo misma.

ARMONIZAR CON UN NUEVO PODER

Cuando miras la televisión o lees revistas lo que más se ve en las fotos y en los artículos es lo siguiente: el poder se define por tu aspecto, el dinero que ganas, con quién sales o estás casada y cómo progresas en tu profesión.

Desde el punto de vista del miedo y la escasez, las personas poderosas son las que, de un modo u otro, han adquirido los recursos externos más buscados o «mejores», se trate de dinero, fama o belleza.

Muchas hemos pasado años atadas a este viejo modelo de

poder por el que valoramos nuestra condición a partir del modo en que nos perciben o por lo que hemos conseguido.

Como mujeres nos preocupamos por la manera en que los demás ven nuestro cuerpo, y nos preguntamos sin cesar: ¿somos lo bastante bellas, lo bastante delgadas, lo bastante sexys? Como la mayoría hemos utilizado nuestra sexualidad como una herramienta para conseguir lo que creíamos que queríamos, nos preocupamos ante el hecho de volvernos mayores y dejar de ser atractivas.

Lo mismo puede decirse del dinero y de la posición social. Podemos preocuparnos por no tener los medios económicos para hacer todo lo que queremos, o por que los demás no reconozcan lo importantes que somos (a través de nuestros éxitos profesionales o de los éxitos de las personas que tanto representan para nosotras).

Le damos vueltas a nuestros juicios valorando en qué punto deberíamos estar en nuestra profesión o incluso en nuestro camino espiritual. Nos comparamos con los demás. Nos dejamos llevar por los celos y el miedo cuando estamos junto a otras mujeres que brillan más que nosotras o amenazan nuestro sentido de identidad de una forma u otra.

Incluso cuando ya hemos conseguido algunas de las cosas que creemos que queremos, nuestra lucha con el poder todavía no ha terminado. Entonces intentamos retener o aumentar nuestro poder trabajando para complacer a los demás y controlar el resultado de las situaciones, o nos quedamos a salvo escondidas en el último plano, conformándonos con lo establecido y esperando que nadie se dé cuenta del poder que tenemos (y así no pueda quitárnoslo).

Cuando no conseguimos o nos aferramos a las cosas que valora nuestra vieja metodología de poder, nos juzgamos a nosotras mismas y nos condenamos diciendo que si fuéramos más guapas, listas, dedicadas, etcétera, tendríamos todo lo que querríamos y la vida sería un cúmulo de bendiciones.

Solo cuando empezamos a contemplar las viejas estructuras de poder de esta forma podemos ver que son una auténtica locura.

Desde el punto de vista de la Diosa Guerrera, el poder se define de una manera muy distinta. El poder no se busca desde fuera, sino que más bien se cultiva con paciencia desde dentro. El poder no tiene nada que ver con el dinero, la fama o las apariencias externas, sino con nuestra conexión con el yo, el amor, la autenticidad y el misterio interior de la vida. Desde la perspectiva de la abundancia genuina y la conexión espiritual inmanente, la gente poderosa es la que tiene la conexión más fuerte con sus recursos internos.

Nuestro desafío, por consiguiente, es ser honestas en esos lugares en que seguimos aplicando los viejos métodos de poder y movernos para sintonizarnos con un nuevo poder: el nuestro. No lo haremos de inmediato, sino con el tiempo, cuando nos desenganchemos de viejos patrones y acuerdos, y reconectemos conscientemente con nuestro auténtico centro.

Recuerda, ser consciente de dónde hemos adquirido los antiguos métodos de poder no es una llamada a la autocrítica, sino más bien la oportunidad de liberarse de estos hábitos y volver a comprometernos con nuestra Diosa Guerrera. A medida que nos volvemos más conscientes de los acuerdos o las creencias a los que nos aferramos y que no nos sirven, podemos volver a elegir, podemos tomar acuerdos conscientes que apoyen y nutran la persona que somos.

En el plano exterior, el sueño social nos impele a comprar más cosas, a seguir siendo jóvenes, a tener una relación, a trepar por la escalera del éxito laboral, a tener hijos, a ser unas gatitas en celo en un momento dado y, al siguiente, ser unas vírgenes dulces. En sí, nada de todo eso es malo. Pero cuando lo utilizamos para llenar una sensación de vacío en nuestro interior, o hacemos todo eso para complacer a los demás en lugar de a nosotras mismas, se convierte en nuestra cárcel. Cuando creamos una vida basada en lo que creemos que tenemos que hacer en lugar de en lo que desea nuestro corazón, siempre sentimos que nos falta algo, que no somos lo bastante libres. Hay un anhelo más profundo que sigue llamándonos para que nos dejemos de conformar, para romper las cadenas de nuestros miedos, para saltar la valla de las opiniones de los demás y encontrar nuestra felicidad innata y salvaje.

En el interior, tu esencia susurra para recordarte tu luz. Lo auténtico femenino espera para encarnarse en tu forma. Cuando te armonizas con tu abundancia interior, la vida es gloriosa. Cada respiración te da alegría. El aspecto no importa. Sabes que eres plena, y te sientes completa cuando estás sola o con los demás.

Alineándote con la sabiduría de la Diosa Guerrera, te has concedido el regalo de elegir un camino que te animará a enfrentarte y a desechar las viejas estructuras de poder y a reclamar tu autenticidad. No estás intentando adoptar la imagen de alguien que no eres; al contrario, permites que tu verdad interior y tu belleza se liberen del peso de tus miedos y creencias pasadas de moda. Cuando te aceptas y te honras, de repente ya no necesitas ser distinta, y ves la creación única y perfecta que eres. Toda tú eres magnífica, incluso las partes que desearías que fueran distintas.

Es hora de ser honesto respecto a cuál era tu definición de

poder, y abandonarla por completo para poder encarnar tu propio poder. Suelta todas las expectativas sobre cuál debería ser tu camino o en quién tendrías que convertirte. ¡No lo sabes! ¡Es un misterio! Estarás dando un paso hacia tu auténtica energía divina de la Diosa Guerrera cuando ya no necesites definirte de un modo u otro.

Dar un paso hacia un nuevo poder significa hacer el trabajo y tener el valor de deshilvanar una enmarañada red de limitaciones, acuerdos y juicios internos para permitir que tu auténtico esplendor brille, y para amarte completamente a lo largo del camino.

LECCIÓN UNO: RECURSOS

Dones

- Aquello a lo que te comprometes, sobre todo en lo que respecta a tus compromisos inconscientes, gobierna tus acciones y determina la calidad y el tono vibracional de tu vida. Quizá tengas compromisos de larga duración con la vieja estructura de poder que ya no te sirven. Es hora de ser consciente de eso y abandonarlo.

- Comprometerte contigo misma es un proceso que se da por capas. Comprometerte contigo misma significa decir sí a todo tu ser (tanto a las partes que amas como a las que no te gustan.)

- El poder no procede de las personas a quienes conoces, de aquello a lo que te dedicas o del dinero que tienes en el banco. Procede de florecer en el amor incondicional por ti misma y encarnar la fe alegre que tienes en tus dones.

- Cuando abandonas lo que desearías ser, reclamas tu poder para ser quien eres de una manera radiante, magnética y creativa.

Exploraciones

Cambiar de lo viejo a lo nuevo

¿Seguimos anclados a las viejas reflexiones del poder? ¿Cómo se vinculan tus juicios y tus miedos a la matriz del viejo poder? Escribe las respuestas a estas preguntas durante las próximas semanas.

Una buena manera de eliminar los modos antiguos de poder es nombrarlos sin hacer que parezca que los demás están equivocados. Aquí tienes preguntas adicionales para que explores más a fondo esta idea:

- ¿Encuentras tu valor personal en tu aspecto o lo que vales es un resorte interior basado en la aceptación y el respeto por ti misma?
- ¿Basas tu valor en lo bien que cuidas de los demás a expensas de ti misma, u honras la importancia de saber cuidarse de una misma y de las fronteras amorosa?
- ¿Tu fuerza viene del dinero que tienes, de lo sexy que eres, de las personas que conoces, o fluye de tu paz interior y tu resistencia?

Sigue preguntándote y escribiendo lo que significa el verdadero poder para ti, y presta atención, sin juicios previos, al punto en el que cedes tu poder.

Modelos de rol femeninos

¿Quiénes son tus modelos de rol? ¿Quién te esfuerzas en ser? Nuestros modelos de rol pueden ser profesores, miembros de la familia, personajes de ficción del cine o la televisión, mujeres conocidas por el gran público o anónimas. Los modelos de rol y los mentores son muy importantes para inspirarnos y darnos el valor de aceptar los riesgos. Honra a estas mujeres que te inspiran con su contribución y su sabiduría; pero reconoce que tú no serás como ellas; no las uses contra ti misma. No cometas la indiscreción de juzgarte a ti misma. Ríndete a tu propia evolución a su debido tiempo. No recurras a los éxitos y la gracia de otras mujeres para machacarte; al contrario, siéntete inspirada y motivada por la belleza y las habilidades que te rodean. Cuando nombres a las mujeres que te inspiran, escribe las cualidades y las acciones del poder de la Diosa Guerrera que encarnan, como la presencia, el valor, la pasión, la honestidad, la compasión y la claridad. En la próxima lección sobre la Diosa Guerrera, emprenderás un nuevo compromiso contigo misma y crearás una nueva base aprendiendo a alinearte con la vida en lugar de tener miedo de ella o de intentar controlarla.

LECCIÓN DOS

Alinéate con la vida

Me encanta ver a la joven que sale y agarra
al mundo por las solapas. La vida es una mala
pécora. Tienes que salir y ganar por goleada.

MAYA ANGELOU

Durante casi toda mi infancia una de mis frases favoritas fue
«¡No es justo!»

No era justo que nos mudáramos continuamente (ocho
veces mientras crecía, y a cuatro países distintos). No era justo que en secundaria a mi hermana le regalaran una bicicleta
nueva antes que a mí (y, para más inri, ella era más pequeña
que yo). No era justo que no pudiera entrar en el grupo de
animadoras a la primera, ni que fuera más baja que las demás
compañeras de clase.

De adulta seguí creyendo que la vida debía ser como yo
quería que fuera. En ese caso, me sentía feliz. Cuando no, me
sentía desgraciada. Sin darme cuenta, había adoptado el modelo de la felicidad condicional.

Trasladé esta actitud de «no es justo» a la universidad, a la
política y a mis relaciones, donde empezó a metamorfosearse

en una nueva creencia: «Si hiciera bien las cosas, todo iría como tiene que ir.» (En fin, suena justo, ¿no?) Cuando no podía controlar el mundo exterior, intentaba mejorar las cosas trasladando el sentido de «La vida no es justa cuando…» a «No lo hago bien a menos que…» Y lo único que tenía que hacer yo era encajar. El problema era que lo que yo consideraba que era justo o adecuado era una imagen ilusoria de perfección que cambiaba en función de lo que creía que la gente que me rodeaba deseaba de mí.

Como puedes imaginar, esta actitud me generó un gran sufrimiento. Aporté la creencia «No tengo razón a menos que…» a todo lo que hacía intentando seguir las reglas para poder ser aceptada y amada.

En la universidad, cuando me metí en política y en la lucha contra la injusticia, había un conjunto de normas no explícitas en cuanto a cómo tenía que ser mi aspecto y cómo tenía que actuar yo para estar «bien»: llevar faldas largas y una camiseta con un lema. Sin sujetador. El pelo largo. Juzgar y condenar a todos los que no eran de nuestro bando. Enfadarme y despotricar contra la burguesía.

Más tarde abracé la espiritualidad, y entonces me encontré con otro conjunto de normas no explícitas: ama a todo el mundo. Lleva ropa suelta, ponte joyas sagradas. Ten fe. Sé siempre amable y generosa, altruista. Ayuda a los demás.

Cuando intentamos ser quienes creemos que tenemos que ser, o intentamos seguir siempre las normas (acuerdos explícitos y no explícitos) sin conciencia, nuestras acciones se alinean con el miedo. No importa lo fabulosa que sea la organización, la comunidad, la religión, la espiritualidad, la familia, la relación o el negocio; vamos con el miedo de no ser aceptadas, de ser abandonadas, de necesitar hacerlo «bien».

El resultado es que intentamos acoplarnos hasta encajar en una imagen. El mensaje que nos damos sigue siendo el mismo: no estás bien tal como eres. Nos alineamos con quienes creemos que deberíamos ser, en lugar de con quienes somos.

Y ese centrarse en cómo deberíamos ser en el exterior básicamente nos vuelve locas y desgraciadas y nos confunde por dentro.

Durante mi aprendizaje con don Miguel Ruiz, el autor de *Los cuatro acuerdos,* me sumergí en las enseñanzas toltecas de su familia. Las enseñanzas toltecas nos enseñan un camino hacia la libertad animándonos a cuestionarnos todos nuestros acuerdos para poder cambiar y dejar de ser carceleros y jueces de nuestro espíritu a convertirnos en artistas de nuestro espíritu.

Como escribe Allan Hardman en *The Everything Toltec Wisdom Book*:

Como artista del espíritu, la tolteca actual sabe que no hay reglas que deba seguir, ningún sistema de creencias que se vea obligada a abrazar, y ningún líder al que obedecer. Busca verse absolutamente libre de miedo y se rinde por completo al amor y la aceptación. La tolteca moderna descubre una felicidad que es el resultado del amor y la aceptación que fluyen de ella, y sabe que existe una cantidad inacabable de amor; su naturaleza es amar. Abraza la vida, y baila de alegría y gratitud por cada momento de su existencia. Este es el camino tolteca y esta es la guerrera espiritual moderna: una artista del espíritu.

La verdad es simple: la vida es perfectamente imperfecta, impredecible e inexplicable. Una Diosa Guerrera no intenta controlar la vida o entenderla siquiera. Nuestro trabajo es elegir conscientemente aquello con lo que nos alineamos y soltar, y también bailar de alegría y gratitud por cada momento de nuestra existencia.

La elección estriba entre el miedo y el amor, y son antagónicos. ¿Quieres ser una juez castigadora o una víctima aplastada en la vida, o bien una artista y Diosa Guerrera que se deleita en los muchos y diversos colores y formas de la creación? ¿Quieres pelearte con lo que debería ser o aparecer para fluir con lo que es en este momento? Cuando honramos los ciclos de la vida aprendemos a amar y a aprender de todas las texturas, desde las más ásperas hasta las sincronías con un tacto de seda.

Como Diosas Guerreras, todas somos obras en progreso. A pesar de que no siempre soy capaz de tener fe cuando las cosas se ponen difíciles, cuando lo hago la vida fluye con gracia, alegría y suavidad. Y he aprendido que cuando lucho, como lo hice al final de mi matrimonio, ser amable y cariñosa conmigo misma mientras practico el soltar crea un mayor espacio para la rendición que juzgarme de una manera fiera.

El cambio es natural. Cuando honramos los flujos de la vida (el nacimiento y la muerte, el juntarse y el separarse) y buscamos la belleza tanto en el florecimiento y la flor radiante como en el marchitamiento y la flor mustia, encontramos el equilibrio y la aceptación.

LA VIDA CÍCLICA

La vida fluye en nuestro interior y a nuestro alrededor conectándonos con toda la naturaleza. La vida es la fuerza creativa de lo divino; su fuente es un potencial ilimitado. Por eso, en la forma de todas las cosas, desde una roca hasta una flor o nuestros huesos, reside el potencial puro e indivisible de la fuente.

Siempre tenemos acceso a esta gracia del espíritu, porque somos parte de la fuerza de la vida y, por lo tanto, estamos conectados irrevocablemente a Dios / la Diosa / la Tierra / el Cielo. Pero nuestra atención queda atrapada por nuestra existencia diaria y nuestros apegos, o nuestras grandes preferencias por determinados resultados. A menudo nos perdemos la inmensidad de nuestro ser centrándonos en los detalles y las historias dramáticas que suceden a nuestro alrededor. Nos quedamos en la corteza, lo exterior, de la vida y olvidamos la profundidad de conexión de la que somos capaces.

La vida fluye, y de repente sobreviene el cambio y el crecimiento.

Cuando nos alineamos con la vida, elegimos alinearnos con toda la vida, no solo con las partes que nos gustan o con las que nos sentimos cómodas; y no solo cuando todo va a nuestro favor. Alinearse con la vida significa saber verdaderamente y aceptar que el envejecer, la muerte, la enfermedad, las catástrofes naturales, los accidentes, los humanos y su manera extravagante de comportarse, todas estas cosas van a alterar nuestro rumbo. Alinearse con la vida significa comprender que no puedes controlar los ciclos de la naturaleza.

Causamos nuestro propio sufrimiento, no porque la vida sea tan inmensa e impredecible, sino porque estamos apegados a nuestros deseos y expectativas. La vida cíclica nos enseña a abrazar los altibajos de la vida. Accediendo a la verdad aprendemos a ir más allá de nuestras propias preferencias y sueños para comprender los ciclos naturales del surgimiento y la caída de todas las cosas. Aprendemos a no tomarnos las cosas de manera personal, sobre todo la fuerza de la vida.

¡Es todo un baile! A medida que nos acercamos más a nuestro centro aprendemos a encontrar el equilibrio de la voluntad personal y la rendición sagrada. Empezamos a saber lo que queremos, y a poner nuestra energía al cien por cien en pos de nuestro deseo. Y al mismo tiempo, ¡debemos rendirnos a la verdad de que el universo es mucho, muchísimo mayor que nosotros! Si intentamos exigir que se cumplan nuestras necesidades, o nos sentimos víctimas si no conseguimos lo que nos hemos propuesto, caemos de nuevo en el viejo sueño de que podemos controlar todo lo que nos rodea.

La idea de que podemos controlar a las personas y a las cosas que nos rodean es ilusoria. A veces, cuando forzamos nuestra voluntad hacia una situación en la que conseguimos el resultado deseado, caemos en la falsa creencia de que tenemos el control. Pero, sinceramente, la única manera de estar auténticamente centrado es ver el flujo de la marea de la vida no desde los deseos personales, sino desde el punto de vista de la vida en sí misma. La vida no castiga a las personas directamente ni busca causar sufrimiento; sencillamente se mueve. Solo cuando afirmamos que la vida debería ser tal o cual cosa, nos limitamos y sufrimos. Desde este inmenso punto de vista, la muerte de un niño o la devastación de un huracán forman parte de la vida tanto como la belleza de una puesta de sol o enamorarse.

Es más fácil reflexionar sobre esta lección que vivirla, porque significa cambiar radicalmente nuestra percepción del mundo y nuestro lugar en él. Significa moverse más allá de la dualidad víctima-juez, de las voces que claman «¡Oh, no tengo poder, no hay esperanza y nada tiene sentido en esta vida!», o bien «Puedo crear cualquier cosa que quiera y nunca sentiré emociones nefastas o experiencias desagradables.» Entre estos dos lugares hay un punto de humildad y de gracia, y una gran fe.

Para alinearse con la vida de esta manera, la Diosa Guerrera empieza siguiendo la sabiduría de nuestros antepasados y pasando de la «vida lineal» de la actualidad a una «vida cíclica» más natural y tranquila.

VIVIR EN LOS CICLOS

La vida lineal está orientada a los objetivos y plena de expectativas. Vivimos linealmente cuando creemos que si hacemos A, luego B y a continuación C llegaremos a D. O cuando esperamos que las cosas ya estén hechas. La impaciencia, el juicio, la presión y el enojo pueden ser el resultado de vivir y pensar demasiado en sentido lineal.

A pesar de que hay muchos ámbitos en los que el pensamiento lineal es valiosísimo (como cuadrar los ingresos y los gastos a fin de mes, preparar un plato según una receta esspecífica u organizar un gran proyecto de negocio), vivir la vida como si fuera lineal y predecible es un enorme obstáculo para la creatividad, la alegría y la cordura.

De joven me rebelaba contra el pensamiento lineal y circular. Solo quería lo que quería y cuando lo quería. No quería seguir los pasos lógicos, o tener paciencia y honrar los ciclos. Pero la vida tiene su propia manera de mostrarnos que seguir los pasos «adecuados» no garantiza el resultado. Pienso en mi amiga Laura, que se casó con su enamorado, terminó su carrera de ingeniería y consiguió un buen trabajo. Cuando su marido enfermó de cáncer, ella se dedicó a procurarle sistemáticamente todos los remedios posibles, desde médicos a hierbas, creyendo que podría curarse si seguía los pasos adecuados. Tras la muerte de su marido, tardó años en entender que la vida es un ciclo, y que intentar controlar el resultado creaba mucho más sufrimiento que la muerte misma.

Ahora me gustan tanto el pensamiento circular como el lineal. He aprendido que el pensamiento lineal se maneja mejor como una herramienta en el flujo de los ciclos naturales de la vida en lugar de hacer de ello un estilo de vida. Cuando intentamos forzar la vida para que encaje en un marco lógico y lineal, sufrimos. Cuando nos abrimos a la sabiduría de los flujos y reflujos cíclicos, como hacían nuestros antepasados, progresamos.

En la antigüedad los individuos y las comunidades compartían los cambios cíclicos de la naturaleza reuniéndose para celebrar los equinoccios y los solsticios. Cada parte del ciclo, desde las muertes más recientes a los nuevos nacimientos, se honraba. Reunirse en comunidad permitía que todos pudieran hacer una pausa en el día a día para presenciar los ciclos del cambio en su comunidad, y era un punto de referencia para darse cuenta de lo que había cambiado para ellos internamente desde el último encuentro. Eso les permitía sentirse como si fueran parte de un todo, y elegir dónde querían poner su energía en los meses venideros.

En la actualidad, quizá sientas un cierto distanciamiento de la naturaleza cíclica del cambio. La luz eléctrica, los horarios de trabajo fijos y el pensamiento lineal te distancian del flujo natural del mundo natural. Y ahora que podemos comunicarnos instantáneamente vía correo electrónico y mensajes de texto, puede que creas que la transformación interna o el cambio externo deberían suceder en este mismo instante. El resultado de esta especie de presión mental es la cólera, las críticas a uno mismo y la confusión.

El ciclo vital de una planta es una gran metáfora para todos los ciclos. Cuando plantamos una semilla en el suelo, la empujamos hacia la oscuridad de la tierra. Sucede entonces un proceso milagroso y oculto que toma esa semilla dura y la quiebra para que de ella salga la vida. Si vamos desenterrando sin cesar la semilla impacientes por ver si están saliéndole brotes, nos arriesgamos a detener el proceso de crecimiento.

Cuando los primeros brotes verdes y tiernos se abren paso a través del suelo, nuestra plantita necesita alimento: sol, agua y cuidados. Mucho sol, o demasiado poco, agua en abundancia, o demasiado poca, pueden matar nuestro pequeño brote; por eso debemos estar conectadas a él y escuchar cuáles son sus necesidades. A medida que el brote va creciendo necesita ir cambiando.

Hay un momento en que la planta puede perder las hojas y parecer dormida, o bien alcanzar el fin de su ciclo vital. Su energía regresa al suelo, y entonces se convierte en alimento de lo que crecerá a continuación.

Cuando empezamos un nuevo proyecto, una nueva relación o una práctica espiritual plantamos una semilla. Depositamos una cierta fe cuando comenzamos algo nuevo, cuando damos un salto hacia el misterio.

A veces esa nueva semilla de cambio germina, a veces no. Para que una idea nueva, una relación o una intención puedan tener la oportunidad de crecer, necesitamos escuchar sus necesidades y alimentarla de manera consciente con nuestra atención, presencia y cuidados; como si fuera una planta joven. Aprendemos por el camino. Y todo tiene un ciclo vital. Cuando algo se rompe o muere, honramos el ciclo soltándolo y haciendo un duelo hasta que podemos mirar hacia atrás con gratitud. Luego podemos investigar qué modificaciones desearemos para el próximo ciclo.

Recuerda que no puedes controlar la vida. Se despliega de formas inesperadas. Como Diosa Guerrera sabes que mientras la vida no vaya por los derroteros que te gustaría, tu poder no procede de la fuerza con que puedas resistir lo que no te gusta, sino de alinearte con los desafíos de la vida con calma y serenidad. Y una gran parte de eso es aprender a equilibrar la intención con la rendición. Eso significa que hay que saber cuándo emprender una acción por algo en lo que creemos o deseamos, y saber cuándo debemos soltarlo y confiar en el flujo.

Al reconocer y alinearnos con los ciclos en vez de luchar contra ellos, una Diosa Guerrera entiende que ir con el flujo de la vida no es un signo de debilidad, sino más bien de fortaleza. Recibiremos regalos en cada uno de los «puntos bajos» de estos ciclos si somos capaces de verlos, y si queremos verlos.

ALINEARSE CON LA MANIFESTACIÓN

Cuando nos alineamos con la vida, aprendemos el arte de una hermosa Diosa Guerrera tolteca: buscar el equilibrio teniendo claro al cien por cien lo que queremos (nuestra intención) y estar en paz al cien por cien con el resultado de la situación.

Digamos que quieres un coche nuevo. Quieres un coche rojo. En concreto ese Prius tan bonito que tiene tu vecina. Sueñas con él, diriges hacia él tu intención, tu deseo y tu esperanza. Lo cierto es que no tienes los recursos suficientes para tener un coche, pero pones el cien por cien de tu energía en el deseo de tener este coche nuevo.

Mientras tanto el universo te envía muchos regalos: una hermosa bicicleta roja, un coche de segunda mano, la oportunidad de compartir un vehículo... Pero las ignoras todas, porque estás obsesionada con y enamorada del Prius. Lo cierto es que si en realidad te detienes a considerar tus verdaderas necesidades (tener un medio de transporte seguro, que no consuma demasiada gasolina y reducir los residuos de hidróxido de carbono), pronto te darás cuenta de que el universo te lo ha ofrecido ya. Pero lo que tu ego quiere es que te sientas rica y sexy llevando un Prius rojo recién estrenado.

Es decir, que a menudo la vida fluye y nos trae regalos, auténticos regalos que satisfarán nuestros máximos deseos, pero no los valoramos porque nos centramos en la comodidad o en un viejo sueño o en una película que nos dice cómo tienen que ser las cosas. Para alinearnos con la vida, has de tener claro lo que en realidad quieres en un nivel sentimental. Del ejemplo anterior, digamos que sientes lo que quieres en realidad y descubres que es un transporte fiable que sea seguro y accesible. Cuando aparezca la bicicleta roja en el umbral de tu casa la reconocerás por el valor que tiene: «¡Ah, esta es la manifestación de mi deseo por un coche rojo, que en realidad es mi deseo de tener un medio de transporte! ¡Qué bien, además se cumplirá mi deseo de estar en forma!» Eso es alinearse con la vida.

A veces lo que quieres manifestar es interno, como por ejemplo, «Quiero más paz en mi vida» o «¡Quiero amarme a mí misma!» Los mismos principios se aplican cuando quieres expresarte en un nuevo trabajo o expresar el amor que sientes por ti misma. Sé clara en tus intenciones. Ábrete a su manera de manifestarse. Presta atención.

La paradoja es saber lo que quieres, poner el cien por cien de tu energía en conseguirlo y dejar tu intención en manos de una fuerza superior. Trabaja desde tus sentimientos en lugar de utilizar la cabeza. Permanece abierta y muestra curiosidad ante lo que aparece. A veces lo que aparece es el obstáculo que necesitas alejar de ti antes de poder abrirte plenamente a tu posibilidad más alta. El camino de la Diosa Guerrera te enseña la práctica de desentrañar el obstáculo sin sufrir por ello ni utilizarlo contra ti misma.

¿Cómo sabes si te estás alineando con la vida o forzando el flujo? Si aquello en lo que te centras no se manifiesta de inmediato, o sí se manifiesta pero no como tú querrías, ¿sufres? Si por no conseguir lo que quieres sufres, sabrás que estás apegado a un resultado. No te alineas con la vida plenamente, sino con tu apego por las cosas tal como crees que deben ser. Si no existe sufrimiento, sino una sensación renovada de «Sí, intentémoslo otra vez,» entonces estás alineado con la vida.

Queda espacio para los resultados inesperados y para la alegría que resulta de ir en pos de lo que una quiere, con independencia de si llega tal como lo esperabas. Quizá sientas sufrimiento, dolor o rabia, pero no hay ninguna historia unida a dichas sensaciones, solo una emoción que se mueve a través de ti, y que te deja con una sensación de claridad y de apertura (y quizá un poco cansada tras haber soltado lastre).

Desde el punto de vista de la víctima, la energía se expresaría con estas palabras: «¡Esto no es justo! ¿Por qué me está pasando esto a mí? ¿Por qué Dios me ha abandonado? Estoy sola; estoy indefensa. Soy culpable. Es mi culpa. Es culpa de mis padres. Esto no va bien.» Desde el punto de vista de la resistencia y el juicio, nuestra reacción debería ser algo así:

«Esta es una situación terrible que han provocado personas espantosas. ¡Tienen que recibir su castigo! ¡Es culpa suya! Tengo que vengarme de esta situación y voy a volcar mi rabia en ello.»

En cualquiera de los dos casos, dejamos de escuchar el flujo de la vida y nos fijamos en nuestras voces internas. Estas voces no proceden de la fuente superior que habita en todos nosotros, sino de nuestros egos y de nuestra adhesión a creencias anticuadas. Y cada vez que dejamos que estas cosas nos controlen, vivimos de acuerdos inconscientes que están anclados en el pasado en lugar de hacerlo a través de la belleza y la paz que existe en el presente.

Una de nuestras hermanas y Diosa Guerrera de Austin me escribió recientemente para disculparse por no haber asistido a clase. Su artritis reumatoide le causaba mucho dolor y necesitaba estar tranquila y que su cuerpo descansara. Más tarde me escribió un correo electrónico y me preguntó: «Estoy intentando no juzgarme con dureza y aprender a aceptar mi cuerpo tal como es, lo que no me resulta fácil en la actualidad. ¿Cómo acepto lo que no quiero?»

No es fácil aceptar lo que no queremos; sobre todo cuando lo que sentimos es dolor y sufrimiento. Le escribí con toda mi empatía y la invité a permanecer en contacto con lo que en esos momentos era adecuado para su cuerpo, sin inventarse ninguna historia sobre el día de mañana. La aceptación no es una rendición fruto del desaliento que se hace desde un lugar de indefensión; la aceptación y la alineación con la vida es un caminar activo y valeroso con el flujo de lo que es. Cuando nos decimos la verdad de este momento («Ahora mismo mi cuerpo necesita descansar»), podemos permanecer presentes y escuchar cómo alimentar de la mejor manera este cuerpo, esta situación y este momento de nuestras vidas. Cuando amamos las limitaciones, encontramos una gran cantidad de formas creativas de amarnos.

La transición de pasar de alinearnos con nuestras preferencias y nuestro ego a alinearnos con la vida es dar un gran salto, y eso requiere mucho tiempo, práctica y fe. Pero la recompensa es inmensa. Ten paciencia contigo misma y haz este trabajo poco a poco. Y no dejes de preguntarte: «¿Qué quiero en realidad?» Ve más allá de tu deseo inicial hasta lo más profundo de tu anhelo. ¿Cómo puedes aportar esta virtud a tu vida?

A menudo miramos hacia fuera en busca de algo que nos llene. Nos alineamos mejor con la vida cuando aprendemos a abrirnos y a aportar la energía que buscamos a nuestro propio ser. Desde este lugar de plenitud tu visión se esclarecerá, el hilo dorado del Espíritu te guiará y conectarás con el potencial infinito en cada momento.

LECCIÓN DOS: RECURSOS

Dones

- La vida no es justa ni injusta. La vida es una fuerza que se mueve y cambia constantemente.
- Cambiar de un estilo de vida lineal o circular alivia la presión y nos devuelve nuestra armonía y equilibrio naturales.
- Alinearnos con la vida significa comprometernos con nuestra intención u objetivos al cien por cien, así como a rendirnos al resultado, sea este cual sea.

- Aunque no podemos controlar la vida, sí tenemos la posibilidad de reaccionar a lo que la vida nos trae y a modelar nuestro comportamiento.

Exploraciones

Alineamiento claro

¿Qué quieres en realidad? A veces es difícil saberlo. Empieza a ser proactiva para alcanzar la claridad preguntándote «¿Qué quiero ahora?» regularmente a lo largo del día. Luego conecta esta claridad con la conciencia de lo que está sucediendo ahora y lo que es posible. Te daré un ejemplo: Me quedo en silencio y escucho mi cuerpo, y siento que quiero comida tailandesa en lugar de la hamburguesa que alguien se ha ofrecido a elegir por mí (claridad). Pero voy con prisas y no tengo tiempo para conseguir comida tailandesa (realidad). Entonces me pregunto: «¿Qué quiero?» Y me doy cuenta de que quiero algo ligero. Así que opto por el bufé de ensaladas que hay en la charcutería de al lado.

Este ejemplo simple puede ampliarse y aplicarse a casos mucho más complejos. La fórmula es la misma. Pregúntate lo que quieres. Mira lo que es verdad y está presente en este momento. Pregúntate otra vez lo que quieres. Mira con qué puedes alinearte en este momento.

Rendirse a las cosas pequeñas

¡Práctica, práctica y más práctica! Eso es lo que requiere aprender a rendirse y a soltar. Utiliza todas las oportunidades que tengas para soltar las cosas con gracia. Empieza con cosas sin importancia. ¿Hay algo en tu casa que no te guste? Dónalo a una tienda de segunda mano o regálaselo a una amiga. Deshazte de la ropa que no te entra. Si algo en tu vida no funciona, sácatelo de encima y mira lo que sí funciona. ¿En qué puedes practicar la rendición? Fíjate en todas aquellas pequeñas cosas que hay en tu vida, abre las manos y suéltalas. Eso te ayudará en las rendiciones mayores de la vida, como el final de una relación, envejecer o los cambios que se sucedan en el trabajo.

Imagínate que accedes a cumplir con las dos primeras lecciones de la Diosa Guerrera. A la izquierda está el compromiso contigo misma; a la derecha se encuentra tu alineación con la vida. Di sí a estas dos nuevas aliadas e invítalas a ser tus nuevos oídos y tus nuevos ojos. Tómalas de la mano con amor, y deja que te guíen en todas tus acciones.

En la siguiente lección y en tercer lugar invitarás a tu nueva base de estabilidad: purificar tu receptáculo. Aprenderás a hacer un cambio vital y transformador y dejarás de verte como un ser que no es bueno para honrarte y respetarte profundamente. Practicaremos con alegría a quitarnos de en medio los obstáculos y todo aquello que no nos sirve para permitir que brille nuestra luz natural. ¡Adelante, Diosa Guerrera!

LECCIÓN TRES

Purifica tu receptáculo

> *Lo que en realidad es duro, y realmente*
> *sorprendente, es renunciar a ser perfecta y*
> *empezar el trabajo de convertirte en ti*
> *misma.*

Anna Quindlen

Para hacerse una Diosa Guerrera, nuestras dos primeras lecciones se centraron en comprometernos con nosotras mismas y alinearnos con la vida. Para que estas dos cosas funcionen con eficacia, debemos purificar lo que yo llamo nuestro «receptáculo». Este receptáculo se define como el recipiente sagrado de la conciencia que te sostiene. Tu mente, energía, emociones y cuerpo físico forman parte del vehículo de tu espíritu, o esencia invisible que se encuentra en tu centro. Tu receptáculo alberga tu espíritu, y tu espíritu no puede expresarse plenamente si tu receptáculo está atiborrado de elementos que no te sirven.

En concreto, esto significa que debemos ser conscientes y muy claros sobre cuáles son las creencias, historias, miedos y detritos varios que están obstruyendo nuestro organismo. Y eso requiere arremangarnos en nuestro papel de guerreras y ponernos a trabajar mientras también nos abrimos a la gracia y la inspiración de la diosa.

Nuestro primer paso para purificar todos los aspectos del yo es aprender a entrar en relación con nosotras mismas de una manera distinta creando nuestro receptáculo: un receptáculo imaginario que nos mantiene centradas en nuestro interior y nos impide quedarnos enganchadas en la multitud de opiniones e historias que están compitiendo constantemente por captar nuestra atención a lo largo del día. Podemos citar los mensajes de los medios de comunicación, las opiniones de los amigos, las expectativas de los familiares... todo lo que pueda desencadenar esa voz conocida y saboteadora que se juzga y duda de sí misma.

Cuando creas un receptáculo resistente para tu conciencia, tu poder interior ya no se ve minado por las críticas hacia ti misma, el juicio, la comparación y la duda. Este receptáculo de tu presencia y de la aceptación de ti misma necesita ser fuerte para permitir que el fuego de la transformación queme todo lo que no te sirva.

CREAR UN RECEPTÁCULO

Imagina un receptáculo que te sostiene con ternura y seguridad. Este receptáculo te abraza con amor y define con claridad los límites de lo que es tuyo y lo que pertenece a los demás.

Al crear un receptáculo que abarque toda tu persona durante el cambio, dominas el espacio necesario para moverte en cualquier vendaval, tormenta o miedo que haya generado tu alquimia interna. El calor de la transformación, la rapidez de las fuerzas que cambian de estado, genera una gran cantidad de energía, y para muchas personas puede resultar muy incómodo. Un receptáculo apropiado te envuelve, es cómodo, incómodo y lo que dista entre una y otra cualidad. Forma una estructura estable que se mantiene firme mientras tú te desestabilizas y desintegras lo que ya no funciona para ti.

La fuerza de este receptáculo personal vital bebe de la energía de la diosa de la compasión y se equilibra con la energía del compromiso adquirido con la guerrera fiera. A medida que construyes este receptáculo de aceptación incondicional, vas siendo capaz de soportar los tránsitos desagradables. Aprende a amar el ciclo completo de tu proceso de transformación, que tendrá un principio, un punto intermedio y un final. Durante el viaje, se te plantearán desafíos, te sentirás agitada y asustada, eufórica y convencida, ¡y a veces se presentará todo a la vez! ¿Puedes llegar a crecer y superar tus circunstancias, ser más sabia que las mil y una estrategias que utilizas para seguir siendo limitada y abrirte más que aferrarte a tu necesidad de seguridad?

¡Sí! ¡Puedes aprender a ser dueña de ti misma! ¡Sí! Puedes aprender a confiar en tus juicios e intuiciones. ¡Sí! Puedes aprender a nutrirte a ti misma. Lo que eso exige es transformar las viejas creencias y modelos del ser.

Para construir un receptáculo firme, debes estar dispuesta a:

- Dejar de definirte por tu profesión o por las personas que conoces.
- Abrazar todos los aspectos de ti misma; honrar tus fuerzas y reconocer tus debilidades.

- Conocer tu verdad en este momento, y aferrarte a ella aun cuando estés frente a la adversidad.
- Elegir conscientemente a tus amigos y a tu red de apoyo.
- Soltar la necesidad de gustar a los demás.
- Calmarte cuando estés triste o asustada.
- Salir; perseguir tu propósito más ambicioso.
- Convertirte en tu mejor amiga y aliada.
- Despejar las emociones soterradas.
- Estar presente contigo misma bajo presión.
- Exigir la aceptación amorosa de tu cuerpo físico.
- Ser consciente de las sustancias que ingiere tu cuerpo.

Establecer un círculo es crear un espacio sagrado entre los reinos espiritual y físico. Al entrar en tu Diosa Guerrera interior te estás uniendo energéticamente a otras Diosas Guerreras para formar una estructura de apoyo mental, emocional, espiritual y físico, y eso te vinculará firmemente con la expresión más auténtica de tu conocimiento interior. En este lugar intermedio se da la alquimia de la transformación, que será dulce y espeluznante, una bendición y un infierno, una tarea sencilla y todo un reto, mucho más de lo que puedas imaginar.

LA LIMPIEZA DEL SAGRADO PLENO-SER

Desde el testimonio de tu receptáculo de Diosa Guerrera de amor y presencia, ahora puedes empezar a purificar tu mente y a desenredarla para que influya en tu energía, emociones y cuerpo. El primer paso para purificar estos cuatro aspectos interiores de ti misma es saber dónde estás en este momento. Sé consciente de tu estado mental, de tu nivel energético, de tus emociones y de tu cuerpo contestando a las siguientes preguntas:

- Fíjate en la cháchara que puebla tu mente. ¿Cuáles son los temas más recurrentes?
- ¿Cuántas veces tienes espacios de silencio y tranquilidad mental?
- Tu ser energético ¿está estancado o fluye con libertad? ¿Te sientes energéticamente brillante o apagada? ¿Cómo de volátil o estancado está tu cuerpo emocional? ¿Reaccionas exageradamente ante las situaciones? (Recuerda que una reacción puede ser interna o externa.)
- ¿Tienes fluidez y apertura emocional? ¿Eres capaz de neutralizar las emociones y seguir adelante?
- ¿Amas y respetas tu cuerpo físico o juzgas mentalmente tu forma física?
- ¿Qué opinión merece tu peso? ¿Aceptas tu cuerpo o estás insatisfecha?
- ¿Te sientes en paz o te juzgas por tu edad o tu aspecto?

Mira el gráfico que figura a continuación. Lee, de arriba abajo, los apartados uno por uno. Lee las palabras que aparecen en la columna de la izquierda.

RESUMEN DEL YO ACTUAL	
MENTAL	**TANTO POR CIENTO AHORA MISMO**
Claridad / Paz	50%
Cháchara / Confusión	50%
ENERGÉTICO	
Brillantez / Plenitud	40%
Vaguedad / Contracción	60%
EMOCIONAL	
Inestabilidad / Apertura	80%
Estancamiento / Desencadenamiento	20%
FÍSICO	
Aceptación / Amor	70%
Rechazo / Juicio	30%

Advierte cómo te sientes internamente mientras lees los pares de palabras. Respira. Cierra los ojos e invítate a ti misma a explorar lo que sientes mientras te mueves de una polaridad a la otra.

Ahora haz un breve repaso sin pensar. Mira los aspectos que aparecen en la columna izquierda (mental, energético, emocional, físico) y luego otra vez las dos polaridades. Escribe un porcentaje por cada uno de ellos para que juntos sumen el 100 por ciento. Por ejemplo, quizá sientes que tienes un 40 por ciento de claridad mental y un 60 por ciento de cháchara mental en este momento de tu vida. ¡No pienses! Solo escribe los porcentajes que te vienen a la cabeza.

¡Esto te permitirá localizar los aspectos en los que todavía necesitas trabajar!

Antes de seguir adelante, detente y respira hondo. Observa los porcentajes que has escrito en la tabla y advierte cómo te sientes mientras miras los números. Si te juzgas a ti misma, te enfadas o te sientes agotada o confusa, párate y replantéate tu actitud. Sí, puede que tengas mucho trabajo. Sí, quizá estás fuera de onda en una o en todas las áreas de tu ser. Sí, quizá sientas que no te mueves con la suficiente rapidez. Intenta lo siguiente: vuelve a hacer el ejercicio, pero en esta ocasión desde la perspectiva de dónde estabas hace cinco años (o más). Empieza cerrando los ojos y situándote en el pasado, y luego determina los porcentajes sin pensar.

RESUMEN DEL YO HACE CINCO AÑOS	
MENTAL	**TANTO POR CIENTO DE HACE CINCO AÑOS**
Claridad / Paz	30%.
Cháchara / Confusión	70%.
ENERGÉTICO	
Brillantez / Plenitud	30%.
Vaguedad / Contracción	70%.
EMOCIONAL	
Inestabilidad / Apertura	10%.
Estancamiento / Desencadenamiento	90%.
FÍSICO	
Aceptación / Amor	5%.
Rechazo / Juicio	95%.

Esta segunda tabla probablemente te ayudará a ver lo mucho que has cambiado en cinco años. Y puede que notes que algunas áreas perduran más. Con el tiempo, una buena guía, acción y perseverancia, todo puede cambiarse. Lo que precipitará la transformación es ser consciente de tu juez y tu víctima interiores y aprender a ser testigo de sus voces en lugar de creer en ellas.

EL JUEZ INTERIOR Y LA VÍCTIMA

En nuestra mente todos llevamos las semillas del autosabotaje en forma de dos voces negativas. Una voz es el juez, y otra la víctima. Estas dos voces son hijas de los mismos padres, que son el miedo y el rechazo por una misma.

Tu juez interior, o crítico, busca constantemente lo que tú o los demás no hacéis bien. Tu juez no solo tiene unos baremos altos, sino imposibles de alcanzar. Nada de lo que haces está bien. A veces el juez se centra en lo que percibe que son tus errores fatales; en otras ocasiones vuelve su mirada a los que te rodean. Sea como sea, cuando escuchas la voz del juez como fuente de sabiduría, te ves atrapada en las comparaciones y la rabia.

Tu víctima, o ese «no puedo hacerlo; no soy lo bastante buena» que forma parte de ti, siempre está mirando al juez para que la valide, cosa que nunca sucede. La víctima siempre buscará un juez, sea interno o externo, para demostrar su poca valía. Cuando escuchas la voz de la víctima como la verdad, te pasas el día sintiéndote indefensa y sin esperanza.

¿Cómo puedes limpiar con alegría tu ser divino de diosa cuando a menudo el juez se convierte en tus ojos y tus oídos?

¿Cómo puedes emprender una acción guerrera clara cuando tu víctima se queda en una esquina lamentándose? Aquí está el asombroso ajuste de actitud de la Diosa Guerrera: pasar de considerarte una mujer rota, desaprovechada, incomprendida, indigna de ser amada, a sentirte como un templo magnífico, un receptáculo de lo femenino divino que necesita una remodelación profunda y sagrada desde dentro. ¡Recuerda que es tu juez el que ensucia tu sagrado templo! Advierte que existe una diferencia entre el juicio y el discernimiento. Cuando nos juzgamos a nosotras mismas o juzgamos a los demás, creamos problemas; cuando discernimos, no existe una carga emocional o energética en nuestro ser; sencillamente hacemos una elección. La diferencia radica en la energía. Si existe una culpa o un rechazo, eso es un juicio. Si existe la compasión y la claridad, eso es discernimiento. Digamos que me gustaría perder unos cuantos kilos que he ganado este invierno. Un juicio sobre una misma sería: «Estoy gorda. Odio mi cuerpo. Ojalá las cosas fueran distintas.» El discernimiento sonaría de otra manera: «Me siento pesada y me gustaría perder cinco kilos y estar en forma. Creo que mi cuerpo se sentiría mejor así.»

Veamos ahora un ejemplo de juicio y discernimiento respecto a los demás. Un miembro de mi familia que me pidió prestada una cantidad de dinero nunca me lo ha devuelto. Un juicio sería decir: «¡Esta persona deshonesta y vaga tendría que buscar trabajo y pagar sus facturas! ¿Qué le pasa? ¿No tiene dignidad?» Veamos ahora cómo pronunciarnos con discernimiento: «Esta persona es obvio que tiene que resolver sus asuntos económicos. Si vuelve a pedirme dinero, soy libre de prestárselo, pero si lo hago, no tendré ninguna garantía de que me lo devuelva.»

En ambos casos el juicio te deja con un mal sabor de boca, como si soportaras una carga, o bien te hace sentir importante. El discernimiento no deja huella.

Cuando purifiques tu receptáculo dejando de creer en las mentiras del juez y de la víctima, conocerás la verdad: tú eres preciosa. Tu mente, tu energía, tus emociones y tu cuerpo son sagrados; no importa lo descolocada que estés en el momento actual. Eres un receptáculo sagrado, el Santo Grial, un cáliz sagrado.

La santidad de tu ser no puede comprometerse, violarse ni menguar. Puede enterrarse bajo capas de miedo, embrutecerse, perder lustre y magullarse. Pero más allá de las traiciones y los maltratos que nos causemos, eres pura. Eres completa. Eres la niña de los ojos de la Diosa.

Recuerda que ningún príncipe azul vendrá a salvarte el culo. Ningún maestro espiritual llegará para librarte de todos los pecados y dejarte limpia como los chorros del oro. Tu juez espiritual no podrá avergonzarte, pegarte o amenazarte para que alcances la iluminación, por mucho que te cueste «entenderlo». En realidad, tienes que ser tu propio príncipe, tu propio ángel, tu propio guía espiritual, y tu propio asesino del monstruo demoníaco, que es juez y víctima.

Continuemos el viaje de nuestra heroína y Diosa Guerrera liberándonos de las historias de la víctima y el juez, que son un peso que nos hunde.

EJERCICIOS PURIFICADORES

Al purificar nuestro recipiente, veremos que nos resulta de gran ayuda fragmentar las cosas a tamaño pequeño. Te daré una guía para purificar las acciones, que he separado en distintas áreas: la mente, la energía, las emociones y lo físico. Empieza eligiendo un aspecto para centrarte en él. No intentes abarcar el cien por cien. ¡Sigue trabajando a tamaño pequeño!

Elige una o más de las ideas siguientes; a continuación establece una línea temporal para establecer la cantidad de tiempo que te ocuparás de ellas. Comprométete a purificar tu mente durante el tiempo asignado. Imagina que te han bendecido y otorgado el empleo sagrado de mantener limpio el templo de la Diosa Guerrera y recuerda que tú eres el templo. Entrega todo tu amor y devoción para acabar con lo que ya no te sirve y crear más luz y sacralidad en tu ser.

Despeja la mente

Tu mente y tus pensamientos influyen en todos los aspectos de tu ser, ¡por eso es un lugar importante por donde empezar a limpiar en profundidad! Cuando la mente se atasca en el juicio o en el modo de víctima, embrutece nuestro sagrado templo del yo. Una mente purificada ve el mundo a través de los ojos del observador, con curiosidad y paciencia. Estos ejercicios te ayudarán a encontrar claridad y quietud mental.

- Medita unos cinco o diez minutos al día. Limpia tu mente de todo lo que la ofusca y céntrate en tu respiración. Sé consciente del ajetreo que hay en tu mente. Cuando estés sentada, a veces tu mente seguirá charlando por los codos; mantente firme. La práctica de sentarte aportará más calma a las otras facetas de tu vida, ¡aun cuando te parezca que lo estás haciendo mal! Confía en tu propósito de quedarte en silencio. Consulta los libros que aparecen en «Otras lecturas» si quieres profundizar.

- Establece el compromiso de dejar de juzgarte. Fortalece tu conciencia. Imagina que el juez está ensuciando tu templo y échalo de allí. Tienes que saber que puedes hacer el ejercicio doscientas veces al día. Sé cuidadosa y no alimentes a tu juez.
- Empieza a decir tu verdad y a decírtela a ti misma, sin castigarte. Si te sorprendes diciéndote una mentira o una verdad parcial, vuelve a la persona y límpiala. Puede sonar extraño, pero es un gran ejercicio que aclara confusiones y desenreda los embrollos mentales. Cuando decimos la verdad respecto a lo que queremos en nuestras vidas, cortamos con la cháchara. Cuando estamos dispuestos a decir nuestra verdad a los demás sin rechazarnos, recuperamos nuestro sentido de la integridad. Deja de oír ese viejo disco rayado en tu cabeza; dale a la tecla de borrar y graba una nueva afirmación positiva en la que centrarte.

Canaliza tu energía

¿Has sentido alguna vez que había alguien detrás de ti antes de oírlo o verlo? ¿Puedes imaginarte cómo sería entrar en una habitación llena de gente enfadada aunque llevaras los ojos vendados? ¿Hay días en los que te sientes agotada y días en los que sientes que has recargado las pilas? Cada uno de nosotros es un ser físico, pero también energético, y a menudo sentimos o experimentamos cosas en nuestro cuerpo energético antes de ser conscientes de eso mental o físicamente. Nuestro cuerpo energético impregna nuestro cuerpo físico y se extiende más allá de él, y así como nuestro cuerpo necesita ejercicio con regularidad, cuidados y limpieza, también lo requiere nuestra energía.

Estos ejercicios te ayudarán a aprender a limpiar y proteger tu cuerpo energético.

- Haz una ceremonia de limpieza energética diaria con fuego. Enciende una vela y pide a la llama que te ayude a quemar cualquier patrón energético atascado o cualquier energía que hayas atrapado y no te sirva. Respira y atrae ese fuego hacia tu interior; visualiza que está limpiando un nudo enmarañado de viejos acuerdos y energías perjudiciales. Utiliza las manos para reseguir el borde de tu campo energético, que se encuentra a la distancia de un brazo extendido, define y abarca los bordes. Luego respira la vitalidad del fuego y llena tu campo hasta arriba de energía y dinamismo.
- Practica la retención de tu energía. Cuando no somos conscientes, nuestra energía puede verse afectada por las actitudes y opiniones de otras personas. Si eres sensible a los estados energéticos o emocionales de los demás, puedes aprender a proteger tu campo energético. La energía sigue a la imaginación, es decir que tu mejor arma es esta. A mí me gusta imaginarme vestida con una hermosa capa que filtra la energía dañina pero permite que la amorosa la atraviese.
- Una vez a la semana ve a dar un paseo por la naturaleza. Invoca a los árboles, a los espíritus y a la viveza de la naturaleza que te rodea. Cuando te sientas pletórica, elige un llano y corre a toda velocidad durante un rato. Detente. Siente la energía que se precipita por tu organismo y alimenta con ella cada parte de tu ser. ¡Crece y crece! Conecta con la naturaleza a partir de esta grandeza. Ahora camina despacio, calmando la respiración y permitien-

do que tus músculos se relajen completamente. Siéntete suave por dentro. Quédate en silencio. Lleva tu energía hacia tu interior y devuélvela a la tierra. Detente despacio y sigue tranquila buscando tu equilibrio energético interno. Estira el brazo y conecta con la naturaleza a partir de este centro tranquilo. Repite el ejercicio tres veces, practicando la fluidez energética y explorando las polaridades de la gran energía y la energía quieta.

Revisa tu estado emocional

¿Has oído la frase «embargado de emoción»? El agua es movimiento, y nosotras nos esforzamos en abandonar el apego a nuestras emociones para dejarlas fluir con naturalidad. A lo largo de la vida vamos a experimentar toda suerte de emociones, y hemos de permitirnos sentirlas en profundidad, reflexionar sobre estos sentimientos y luego seguir adelante. Estos ejercicios te ayudarán a curar tu cuerpo emocional y a mover la energía estancada.

- Tómate cinco minutos al día, tanto si te apetece como si no, para mover algunas emociones. También puedes hacerlo bailando a lo bestia y gritando. Utiliza la voz; chilla, llora, grita *om*, gruñe… ¡deja que tus emociones se muevan!

- Para curar viejas emociones: encuentra una película que incida en la emoción en concreto que estás trabajando (el dolor, el miedo, la rabia, etcétera). Mientras la miras, déjate embargar por la emoción con el propósito de que, por otro lado, seas consciente de la historia en concreto que te estás contando. Cuando termines de recrear tu emoción, advierte si te sientes más ligera o más pesada. Si sientes un peso, ¿a quién necesitas perdonar? ¿Qué necesitas soltar del pasado? Obsérvate durante los días siguientes para ver si tu mente empieza a recrear la historia. Céntrate en un mantra o un cántico, o practica la apertura y respira profundamente. No permitas que tu mente reestimule la emoción. Y si la emoción regresa, ¡exprésala!

- Existe una relación muy fuerte y disfuncional entre la mente y el cuerpo emocional que atrapa las emociones en nuestro cuerpo en lugar de permitir que salgan para purificarse. Practica presenciar tus emociones no a través del filtro de la mente que juzga, sino desde un lugar habitado por la curiosidad. ¿Cómo te hace sentir una determinada emoción? ¿Qué le hace a tu cuerpo energético? Deja de pensar si tus emociones son buenas o malas, acertadas o equivocadas, y empieza a percibirlas desde un punto de vista energético. Las emociones son energía en movimiento. Cuando no les ponemos etiquetas, las emociones «negativas» como la rabia o el dolor se mueven mucho más deprisa y las «positivas» como la alegría y la felicidad tienden a permanecer más tiempo, porque no nos aferramos a ellas y tememos que desaparezcan. ¿Cómo puedes expresar las emociones más difíciles sin crear un drama interno o externo?

Practícalo

No puedes purificar tu receptáculo sin ser consciente de la conexión cuerpo-mente. Te invito a practicar la aceptación radical de tu cuerpo y de todos sus rasgos, incluso los que crees que no te gustan. Sé consciente de lo que te metes en el cuerpo y del efecto que tiene en ti. Todos somos distintos en función de nuestro metabolismo, edad, etcétera. No existe eso de que «un solo enfoque sirve para todos». Los siguientes ejercicios te ayudarán a conectar con la unidad sagrada y las necesidades de tu cuerpo:

- No utilices la talla corporal de los demás para juzgarte a ti misma. Deja de mirar los cuerpos de otras mujeres y evita las revistas y la televisión, de forma que no estés inundada de imágenes. Empieza a mirar a las otras mujeres como hermanas y Diosas Guerreras y abrázalas en lugar de estar celosa de ellas.

- Quita o cubre todos los espejos de tu casa y practica sentir tu cuerpo en lugar de mirarlo todo el rato. Pregúntale a tu cuerpo: ¿qué le falta? ¿Qué le sobra? Supera los hábitos y las costumbres fijas para escuchar la sabiduría y la profundidad de tu cuerpo.

- Haz ejercicio y/o haz una limpieza. Haz ejercicio tres veces por semana y te sentirás más fuerte y más en tu cuerpo. Utiliza ese tiempo de ejercicio para traer la aceptación y la gratitud a tu forma física.

- Sé consciente de cómo te hace sentir la comida que le das a tu cuerpo. Advierte cómo te hace sentir comer un donut de mermelada a primera hora de la mañana o una pizza a última hora de la noche. ¿Cómo te sientes cuando te saltas una comida? Presta atención también a los efectos del alcohol y a otras sustancias que pueda haber en tu receptáculo. Ve despacio, eliminando de tu dieta lo que no te sirve. Pueden ser las patatas fritas del almuerzo, el azúcar refinado o la hamburguesa de McDonald's. O si eliges hacer una limpieza física o un cambio radical en tu dieta, asegúrate de estar trabajando con una persona o un grupo que sean expertos en nutrición y salud.

Purificar tu receptáculo no es un trabajo en solitario, sino una tarea que se realiza mejor con el apoyo de un grupo, unos amigos y unos buenos guías. Cuando encuentres a personas que puedan mostrar amor y aceptación incondicionales por el punto en el que estás ahora, y te animen en tus objetivos y sueños, te sentirás inspirada y motivada para expandirte y crecer. Si tu comunidad o tus amigos actuales están en el viejo paradigma de juzgar y sentirse víctimas del mundo, busca otras redes de apoyo. Las iglesias del Nuevo Pensamiento, como la Iglesia de la Unidad o el Centro para la Vida Espiritual, son comunidades maravillosas que te brindan apoyo positivo y un buen lugar donde hacer nuevas amistades. La mayoría de las ciudades tienen una librería o una revista alternativa mensual donde puedes encontrar eventos que te inspiren o prácticas sanadoras para que te guíen en tu viaje hacia ti misma. Cuando te abres para encontrar apoyo en forma de amistad, o cuando eliges concederte el regalo de encontrar un terapeuta, un sanador o un maestro, la gente correcta empezará a aparecer. También hay muchas comunidades en línea que ahora son accesibles, incluyendo los círculos globales de la Diosa Guerrera interior. Consulta la sección de Recursos que hay al final del libro para más detalles.

Incluso contando con el mejor de los apoyos, tú vas a ser la única persona que emprenda las acciones necesarias para reclamar que tu ser se convierta en un templo, para purificar tu receptáculo. No estás sola, y tienes que hacer ese trabajo para ti misma. ¡Puedes hacerlo! Cultiva esta actitud, una y otra vez. Luego, cuando las cosas se pongan difíciles, recurrirás a una voz clara y positiva en lugar de escuchar una de esas voces de juez / víctima que de nada sirven y que afirman que te ayudan cuando en realidad tan solo te aportan más suciedad y polvo.

Las acciones purificadoras que hemos descrito tan solo son sugerencias para poner a trabajar tu creatividad de Diosa Guerrera. Por favor, no pienses que no puedes seguir con tu Diosa Guerrera interior hasta que hayas hecho todos los ejercicios anteriores o cualquiera de las sugerencias que doy en este libro. Sigue leyendo, sigue investigando, sigue dando pequeños pasos. Se trata de emprender una acción, no de emprender la acción «perfecta».

Purificar tu mente, energía, emociones y físico no es una tarea que se haga una sola vez y luego se tache de la lista, sino un cambio de actitud de por vida. Lo cierto es que la vida es complicada. Cuando te comprometes contigo misma y eliges alinearte con la vida, aceptas la tarea de una limpieza interior no como un trabajo repulsivo o desagradable, sino como un acto de amor por una misma que realiza la Diosa Guerrera.

LECCIÓN TRES: RECURSOS

Dones

- Para crear el cambio, primero tienes que aceptar dónde estás y crear un recipiente de compasión y amor por una misma que abarque todos tus viejos patrones y creencias.
- Eres un templo. Cuando aportas la energía del honor, el respeto y el amor en la limpieza de tu templo, limpiar lo

viejo para hacer espacio a lo nuevo se convierte en una alegría en lugar de en un castigo.

- Eres completa, hermosa y poderosa. Deja de decirte que estás destrozada o no tienes solución.
- Crea acciones para purificar tu receptáculo mental, energética, emocional y físicamente. ¿Qué pequeño paso puedes dar que cree un espacio más sagrado en tu ser?

Exploraciones

La purificación diaria

Así como te cepillas los dientes o te lavas las manos cada día, es importante mantener limpio y reluciente tu yo interior. Empieza cada mañana y termina cada día con esta práctica simple. Visualiza una llama en tu vientre. Imagina que puedes tomar todas las preocupaciones, miedos, pensamientos de inseguridad, dolores y sufrimientos y ofrecerlos al fuego. Visualiza que el fuego transmuta estas energías en una luz blanca y pura. Luego imagina que te bendices con el fuego y respiras la luz blanca desde los pies a la coronilla.

Limpiar las falsas creencias fundamentales

A veces surgen temas significativos que son profundos y deben limpiarse a largo plazo. Recomiendo firmemente en esos casos empezar un diario para poder seguir pistas y comprender lo que despiertan esas falsas creencias fundamentales, como por ejemplo: «No soy digna de que me amen» o «Nunca hago nada bien». Dedica una página a cada falsa creencia fundamental y utilízala a modo de título. Luego escribe un párrafo sobre cómo esa falsa creencia fundamental se manifiesta en tu vida y cómo te hace sentir.

Ahora viene la parte divertida: limpiar las mentiras que surgen de las falsas creencias fundamentales y se esparcen como las pisadas de barro sobre un suelo limpio. Empieza a buscar ejemplos al azar de por qué tu falsa creencia no es cierta, y escríbelo. Cada vez que recuerdas o experimentas una verdad que se opone a tu creencia falsa, limpias una parte de ella. Cuando empiezas a llamar por su nombre a los contrarios y a romper el patrón de creer en tu falsa creencia fundamental, verás que la acción limpiadora te ayudará a disolver todavía más la suciedad.

LECCIÓN CUATRO

Enraíza tu ser y libera el pasado

Nadie puede hacerte sentir inferior sin tu consentimiento.

ELEANOR ROOSEVELT

Una vez viví en una casa en la que las bombillas explotaban, los aparatos eléctricos y los discos duros se quemaban inesperadamente y los enchufes de la pared echaban humo y ardían. Hicieron falta dos electricistas para arreglar esos desastres en apariencia azarosos, pero luego descubrimos que el problema era que el sistema eléctrico de la casa no tenía toma de tierra.

La electricidad fluye sin problemas solo cuando está conectada a la tierra. Cada casa tiene una toma que «enraíza» los circuitos eléctricos. Sin esta toma los aparatos se estropean, como sucedía en esa casa que yo tenía sin toma de tierra donde las bombillas explotaban.

Como muchas otras tradiciones antiguas (ahora respaldadas por los recientes descubrimientos de la física cuántica), los toltecas comprendían que los humanos somos seres energéticos en primer lugar y seres físicos en segundo. Y como humanos modernos, cuando estamos más desequilibrados energéticamente es cuando nos falla nuestra toma de tierra.

Cuando estamos enraizados a algo sólido, nuestra energía fluye con suavidad. Cuando no es así, experimentamos detonaciones y choques de energía, recalentamientos y fuertes explosiones.

¿Cómo nos enraizamos a la tierra?

Observemos a la naturaleza para buscar una nueva manera de ser.

En un nivel energético, los humanos se parecen mucho a los árboles. Un árbol bien equilibrado tiene unas raíces profundas que penetran en la tierra como una toma de tierra. Las raíces de un árbol son su estabilidad y su fuente de nutrición. Cuanto más profundas y anchas sean las raíces, más resistente y anclado estará el árbol, y más probable será que sobreviva a los cambios del clima, como los fuertes vientos o las sequías.

Por ejemplo, cuando el huracán Katrina devastó la costa del Golfo en una de las peores catástrofes naturales de la historia de Estados Unidos, hubo casas de ciento cincuenta años de antigüedad, situadas en la línea costera de Biloxi, en Mississippi, que fueron arrancadas por las olas y barridas tierra adentro varios kilómetros. Cuando amainó la tormenta, lo único que quedó en pie en la costa fueron los cipreses, que estaban tan enraizados que ni siquiera los vientos que soplaban a 150 kilómetros por hora pudieron derribarlos.

A una Diosa Guerrera bien equilibrada también le crecen unas profundas raíces energéticas que se hunden en el suelo como una toma de tierra. Cuando estamos enraizadas de esta manera, tenemos confianza en nuestra capacidad de sobrevivir en el mundo. Confiamos en nosotras mismas. Nos sentimos a salvo y seguras. Resistimos.

La mayoría de las mujeres creen que para sentirse sanas y salvas tienen que plantar las raíces y el sentido de valía en cosas que no perduran: la pareja, los hijos, la juventud o el trabajo. Nos definimos a nosotras mismas y encontramos un sentido de valía en nuestra conexión con los demás. A pesar de que creo que la comunidad y la conexión con los demás es la manera natural de fluir para muchas mujeres, la mayoría estamos completamente desequilibradas porque no tenemos un centro íntimo que nos conecte con ese yo enraizado y sano. La definición que hacemos de nosotras mismas tiene que ver con los papeles de madre, esposa, ejecutiva, sanadora o hija en lugar de con la esencia femenina de la divina Diosa Guerrera.

Tómate un momento para sentir si has enraizado en los demás para crear tu sentido del yo, de la seguridad o la pertenencia.

¿Cuál es tu principal centro interior? Haz que sea profundo y sólido. Redirígelo como si hubiera crecido apegado a una persona o un ideal. Ánclate en la infinidad, en la tierra, en la fuerza de la vida. ¿Dónde se encuentra la verdadera fuente de tu energía y estabilidad? Profundiza más.

No te ancles en los detalles que cambiarán, sino en los lugares permanentes como el amor que sientes por ti misma y en tu propia conexión con lo divino. Cuando anclas tus raíces en algo que está fuera de ti, nunca te sentirás completamente estable. Tu amado, tus hijos, tus mascotas, tu casa, tus padres, tu trabajo y tus amistades irán cambiando, por muy estables que puedan parecer. ¿A qué puedes anclarte que te aporte una auténtica estabilidad?

Para entrar en la sensación enraizada que la Diosa Guerrera tiene de la fe y la seguridad interiores, la mayoría necesitamos hacer una limpieza energética de nuestra casa. Una de las maneras más potentes para empezar es soltando viejas historias.

SOLTAR TUS VIEJAS HISTORIAS

Como mujeres vamos sobradas de historias, historias que entretejen las creencias y los acuerdos aprendidos sobre lo que significa ser mujer que nos mantienen apegadas a las viejas creencias del pasado y nos impiden alcanzar nuestro auténtico potencial. ¿Sientes alguna vez que te hundes bajo el peso de tu pasado y tus dudas personales, tus miedos y confusiones?

Cuando me convertí en discípula de don Miguel Ruiz y trabajé con las enseñanzas toltecas, me sentí como una maleta repleta, de tantas ideas como tenía sobre quién debería ser yo. Mi mundo interior estaba desbordado, pesaba. Sabía que quería aligerar mi carga. Pero al principio ignoraba la manera, solo sabía que quería hacerlo. Cuando aprendí a sostenerme en un receptáculo de conciencia compasiva y me abstuve de juzgarme, empecé a darme cuenta de la influencia que mis palabras tenían en relación conmigo misma.

Un día, cuando compartía la historia de mi vida con una nueva amiga, tuve una revelación. Me di cuenta de que mi historia no era una colección de datos y palabras que describían mi vida. Mi historia era una pesada ancla que arrastraba tras de mí mientras intentaba atrapar el viento con mis velas.

La historia que me contaba a mí misma era la siguiente: de pequeña me traumatizó la cantidad de veces que mi familia había trasladado el lugar de residencia. Fui a ocho escuelas distintas y viví en cuatro países: Singapur, Hong Kong, Estados Unidos y Tailandia; y ni siquiera había cumplido dieciséis años.

Nos mudábamos cada dos años más o menos. Al principio de curso, sentía una timidez dolorosa, me sentía desconectada y sola. Pero antes de que empezara el segundo año en la escuela, ya había hecho amigos y había encontrado mi espacio, y entonces volvíamos a mudarnos y el ciclo empezaba de nuevo. Tuve que cambiar de amigos tantas veces por el hecho de marcharnos, o bien porque se marchaban ellos a causa del trabajo de sus padres, que en la actualidad me cuesta mucho conectar con la gente a nivel íntimo y tengo miedo del abandono.

Y cada vez que cuento mi historia me doy pena. ¿No te pasaría a ti lo mismo?

Ese día, en cambio, con mi nueva amiga, fui consciente de que debía abandonar mi marco antiguo de referencia y reescribir mi historia como una aventura en lugar de como una catástrofe. Y esta es mi nueva historia: de niña fui bendecida con una familia aventurera. Cambiábamos de lugar de residencia cada dos años y en verano viajábamos por el mundo. Pasé la mayor parte de la infancia matriculada en fantásticas escuelas internacionales del sudeste asiático y, cuando aún no había cumplido los dieciséis, mi familia ya había estado en veinte países distintos, de visita o residiendo en ellos, incluyendo Tailandia, Singapur, India, Egipto, Italia y España. A causa de las muchas veces que nos mudamos y de nuestros viajes, aprendí a ser increíblemente flexible y a amar profundamente la diversidad y creatividad de los humanos. Mis experiencias infantiles me ayudaron a entrar en contacto con puntos de vista muy diferentes, a hacer amigos con facilidad y a celebrar el cambio.

Cada vez que explico esta nueva historia, tengo la sensación de haber vivido una aventura y siento mucha gratitud. ¿Cómo te sientes tú?

Ahora viene la pregunta importante: ¿cuál es la historia verdadera?

Las dos lo son y no lo son, según cual sea mi punto de vista. La respuesta no consiste en descubrir cuál de las dos es la genuina, sino en decidir cuál de estas dos historias está más alineada con la persona que soy y con la que quiero ser. La primera nos narra la historia de una víctima de la vida; la segunda es la historia victoriosa de una Diosa Guerrera.

El camino de la Diosa Guerrera implica conciencia y se mezcla con la acción para crear un cambio interior. La conciencia nos muestra el punto en que nos anclamos en un pasado arduo; la transformación nos lleva a la liviandad de un presente elegido a conciencia.

Elegir ser una Diosa Guerrera significa mirarnos como una paleta de colores y texturas, y darnos cuenta de qué colores y texturas nos alimentan y nos dan la vida, y cuáles nos agotan o nos aburren. Solo cuando nos volvemos conscientes de que una cierta historia, acción o comportamiento no nos nutren podemos cambiarlos.

Hoy tengo más espacio en mi mundo interior, y lo que llevo de innecesario en la mochila es mucho más obvio. Ahora veo que deshacer esa mochila interna es un dulce proceso continuado de limpieza interior, como lavar los platos o cepillarme los dientes.

La transformación empieza por la manera en que utilizamos nuestras palabras: cómo contamos nuestra historia y cómo se la explicamos a los demás. Como el cuerpo y la mente, las palabras son receptáculos. Cada palabra que elegimos puede contener la vibración de la sanación, la paz y el amor, o puede estar embargada por el miedo, la victimización y el juicio. Nuestras palabras ayudan a alimentar o a vaciar nuestro receptáculo.

Incluso la misma frase puede aumentar o disminuir nuestro entusiasmo, en función de la energía que hay tras las palabras. Puedo decirle a alguien: «¡Lo estás haciendo magníficamente bien!» e infundirle estas cinco palabras con entusiasmo y apoyo. O bien puedo decir: «Lo estás haciendo muy bien» con sarcasmo y amargura, y el mensaje se transmite de un modo muy distinto, aun cuando las palabras parezcan positivas.

La conciencia lleva al entendimiento y la claridad de lo que funciona y lo que no funciona. La claridad lleva a asumir la responsabilidad que tenemos de transformar nuestros antiguos patrones y costumbres. La responsabilidad lleva a liberarnos de la culpa y la vergüenza. Y cuando nos liberamos de la culpa y la vergüenza, somos libres de elegir, con gratitud, qué historia queremos creernos.

EJERCICIO: LIBERARNOS DE NUESTRAS VIEJAS HISTORIAS

¡Ha llegado el momento de poner en práctica nuestra teoría de la Diosa Guerrera! Tómate un tiempo para reescribir una historia que te hayas estado contando y que representa un peso para ti.

Piensa en una o dos historias principales que te hayas contado sobre el pasado que te causen sufrimiento. La mayoría no tenemos que profundizar mucho para recordarlas, porque las historias de este tipo tienden a hallarse en el primer plano de nuestra mente.

La historia quizá tenga que ver con tu familia de origen, una relación actual o pasada, la profesión que has elegido, tu cuerpo o algún tema de salud, tus hijos o tu falta de descendencia, etcétera. Cuando hayas identificado tu historia, escribe los temas principales en tu diario.

Ha llegado la hora de emprender una acción en el camino de la Diosa Guerrera. En el espacio que sigue, reescribe conscientemente esa misma historia adoptando la perspectiva que considera tu experiencia pasada como algo que en último término sirvió a tu bien más preciado. Si te bloqueas, un modo de empezar es hacer una lista de todo lo bueno que ha surgido de los acontecimientos que acabas de describir. (En mi propio ejemplo, el hecho de que mi familia se trasladara constantemente me dio la oportunidad de vivir muchas culturas distintas y adoptar nuevos puntos de vista.)

Te daré otro par de ejemplos.

Una de mis estudiantes descubrió que su marido tenía una aventura. Mientras el estupor y la tristeza la mantenían anclada al momento presente, se abrió a la posibilidad de narrarse esa historia más allá de la traición y del peor escenario posible que su mente pudiera imaginar. Una mañana se despertó con un nuevo guión que en realidad hasta le hizo ilusión: «¡Ahora tenemos la oportunidad de que mi marido y yo trabajemos en nuestro matrimonio!» Mi alumna se dio cuenta de que ambos habían estado descuidando su relación, y con esta nueva información halló el estímulo para destinar la energía necesaria a su relación y lograr que esta siguiera adelante. La vieja historia era: «Hice algo que estuvo mal, y me ha pasado lo peor que podía pasarme, ¿cómo ha podido traicionarme?» La nueva historia que se contó fue: «Esta aventura es el catalizador necesario para que hablemos de lo que no está funcionando y lo que necesita arreglarse para que tengamos una relación sólida.»

Acabo de hablar con Judith, una amiga mía que está ante un desafío espantoso relacionado con su salud, y que al escribir su historia de manera consciente honrando sus miedos ha resultado de una gran inspiración para mí. Es una anciana procedente de una cultura amerindia. Uno de sus ejercicios favoritos es la búsqueda de visiones, un viaje sagrado a la naturaleza sin comida (o con escasos alimentos) ni agua, con el propósito de buscar una visión, o realizar una profunda reflexión espiritual para sí misma que luego pueda aportar a su comunidad. Judith se percató de que cuando se centraba en el reto que para ella significaba su salud desde la vieja perspectiva de víctima («¿Por qué yo, qué he hecho mal, qué va a pasarme?») se sentía indefensa y superada por las circunstancias. Pero cuando se la contaba de nuevo a sí misma y retomaba su experiencia como la búsqueda de una visión, se sentía poderosa, sentía que salía a la naturaleza salvaje para encontrar una curación y sabiduría para su tribu. Esa mujer sabe que seguirá sintiéndose asustada de vez en cuando, pero ahora vive su experiencia como una historia más grande y poderosa.

¡Reescribe tu propia historia!

Liberarnos de las historias que nos causan sufrimiento interior es la clave para enraizarnos en nuestro poder de la Diosa Guerrera.

Algo de lo que espero que te des cuenta en este ejercicio es el hecho de que la transformación empieza con la manera como utilizamos nuestras palabras: cómo contamos nuestra historia a los demás y a nosotras mismas.

Cuando don Miguel dice: «Sé impecable con tus palabras» en *Los cuatro acuerdos*, está compartiendo un antiguo principio tolteca: sé impecable con tu energía, que traduce como «sé consciente de lo que haces con tu energía a través de las palabras y las acciones.»

Ahora profundicemos más y exploremos con valentía cuáles son las historias inútiles para la persona que somos en la actualidad y que nos mantienen atrapadas en nuestras viejas raíces ancestrales y familiares.

ASUMIR LA RESPONSABILIDAD DE TU HISTORIA FAMILIAR

La mayoría de las personas tenemos muy enraizada en nosotras mismas la historia de nuestra familia de origen, y eso requiere un examen y soltar lastre. Para muchas, esta historia tiene que ver con nuestros padres, pero también podría incluir a los abuelos, las tías, los tíos o incluso los hermanos. Para las que fuisteis adoptadas o crecisteis en una familia de acogida, trabajad con vuestros padres adoptivos o las personas que fueron vuestras primeras cuidadoras y las responsables de influir en vuestro crecimiento.

De pequeña, te embebiste del comportamiento y las acciones de tus padres o de las personas que te criaron. Tus padres o cuidadores no necesitaron enseñarte tus creencias y cómo reaccionar en el mundo. De pequeñita eras como una esponja que se impregnaba de la información que te rodeaba, y eso incluía no solo el comportamiento, sino también la energía de tus allegados. El patrón energético, o la suma de experiencias que se almacenan en el cuerpo, la mente y las emociones de tus padres, tus abuelos y sus abuelos ha pasado a ti. Y tú recibes todos sus dones y todo su bagaje. El bagaje incluye cualquier experiencia del pasado que tu familia sigue aportando de manera inconsciente al presente, como una pesada mochila cargada de miedos, traumas y acuerdos inconscientes. Queremos honrar y nutrir los numerosos dones de nuestra ascendencia y, desde un espacio compasivo, como testigos, empezar a limpiar esa mochila.

Quizá te sorprendas diciendo: «Pero ¡si es la mochila de mis padres! ¿Por qué tengo que hacer yo la limpieza? No es justo. ¡No es mi responsabilidad!» O quizá te digas: «Mis padres (tío / hermana / padrastro / madre que te dio en adopción) tienen la culpa de haber arruinado mi vida o de haberme convertido en esta loca neurótica que soy.»

Lo cierto es que si descubres que no te has desprendido de los patrones energéticos de los viejos acuerdos o hábitos de tus padres, vivos o muertos, significa que ahora te pertenecen, y que eres responsable de ellos. La responsabilidad es una palabra maravillosa. La responsabilidad no significa que tengas la culpa o merezcas un castigo, sino que tienes la oportunidad de cambiar algo si así lo deseas. No tienes que esperar a que tus padres cambien o arreglen las cosas, ni que sean diferentes. Tienes el poder de emprender la acción y liberarte, permitiendo que tus padres sigan siendo quienes son.

También puedes soltar la culpa que acarreas respecto a tu familia. No supieron hacerlo mejor. Actuaron a partir de lo que habían aprendido.

Recuerda que no importa el maltrato que hayas recibido, no fue culpa tuya. No eres responsable de las acciones de los demás. Eres responsable de los acuerdos y las creencias con que cargas desde tus experiencias infantiles. Cuando abandones el culpabilizar a los demás o intentar entender por qué ocurrió tal o cual cosa, puedes empezar a escribir una nueva historia y comenzar un nuevo capítulo en tu vida. Con amor, desvía tu atención de la culpa y de sentirte una víctima y concédete todas las herramientas y apoyo posibles para sanar y enraizarte en el presente. Aunque hayas tenido una infancia fabulosa y contado con mucho apoyo, permanece abierta a los patrones inconscientes que puedas haber adoptado.

Para iniciar el proceso de soltar, empieza observando con actitud curiosa las energías y las acciones que pueden provenir de tu linaje familiar y han llegado hasta ti. El mejor lugar para empezar es desde la gratitud. Separa tu juicio y tus emociones sobre tu familia biológica o adoptiva y honra sencillamente el modelo positivo que obtuviste. Date unos momentos para escribir cinco cosas que valores de tus padres (o de las personas que te criaron). Escribe una lista para cada uno de los padres o cuidadores principales con al menos cinco cosas que valores. Esto es lo que yo escribí de mis padres:

Mamá: su valor, su disposición a viajar, su capacidad de lidiar con mi padre cuando está cascarrabias, su amor por los caballos, su amor por los seres humanos y todas las veces en que se ha ofrecido de voluntaria y ha generado cambios en la vida de las personas.

Papá: su increíble voluntad, su visión, su alegría competitiva en los deportes con raqueta, su apoyo financiero para que pudiéramos viajar por el mundo, y todas las veces que vino a verme competir en la pista de atletismo.

Ahora escribe cinco cosas que representan una carga para ti y querrías soltar. ¿Qué creencias tenían tu madre, tu padre o las personas que te criaron y que todavía actúan en ti desde el inconsciente? ¿Qué cosas adoptaste de tus padres que ahora puedes abandonar?

Obsérvate a ti misma y a tu comportamiento para diluci- dar de dónde provienen. Algunas cosas serán muy obvias, pero otras pueden ser más sutiles:

De mamá heredé estos patrones: su coraza, su timidez, su creencia de que tenía que cuidar de los otros antes que de sí misma, ser quisquillosa con los demás y su sensación de culpabilidad.

De papá heredé estos patrones: su tozudez, su silencio cuando se enfadaba con alguien, su necesidad de tener la razón a toda costa, su deseo de distraer y su deseo de controlar las situaciones.

La clave para soltar los viejos patrones familiares es reco- nocer que nos han sido legados de una manera inconsciente, y que ahora empiezas a tomar conciencia de ellos. Bendícelos. Luego percibe cómo tienes que actuar en tu vida para obtener una sensación de estabilidad y enraizamiento que no se base en tus patrones familiares.

Si te embargan las emociones cuando estás liberando estos patrones familiares, ¡deja que se muevan! Tu tarea no es eli- minar estas emociones para poder ser neutral, sino limpiarlas para poder liberarlas. No necesitas ir a la caza de las emociones; deja que salgan tal cual, y exprésalas de manera segura para poder soltarlas, no para crear un drama. Este proceso puede llevarte mucho tiempo; no esperes que tu limpieza paternal y maternal concluya en una única sesión. Pero empieza y mira qué pasa. Solo al ser consciente de tus patrones familiares iniciarás un proceso de limpieza. Luego puedes empezar a afirmar lo que quieres, y a hundir más profundamente tus raíces en las cosas que te aportan alegría.

El siguiente nivel de exploración es curar el pasado familiar. En genealogía describimos nuestras líneas ancestrales como un árbol familiar. Tú eres el fruto de este árbol, y puedes ser más dulce o más amarga en función de la relación que mantengas con tus raíces. He descubierto que reprimir o ignorar el dolor y el sufrimiento de nuestras raíces biológicas no cura este árbol ancestral de la vida, sino que en realidad permite que la amargura del odio, el miedo y la angustia pasados pervivan en tu ser, enterradas bajo capas de corazas y adoptando una expresión inesperada y desagradable. Cuando empezamos a presenciar nuestras propias raíces ancestrales en el medio líquido de la compasión y el entendimiento, limpiamos los patrones dolorosos o tóxicos que han ido pasando inconscientemente de generación en generación.

Cuando miramos la historia y las experiencias posibles de nuestros antepasados construimos el árbol tal como lo entendemos. Al aportar la claridad de nuestra perspectiva al pasado con el propósito de soltar, creamos la libertad de elegir decir un no rotundo a lo que ya no queremos cargar con nosotras y nos invitamos a decir sí a los dones que queremos aportar al futuro.

¿Cuáles son algunos de los traumas de tu línea ancestral que te lastran? ¿Qué sintieron tus abuelos o bisabuelos que sientas como una carga en tu energía corporal? Tú no tienes que cargar con ningún trauma ni maltrato, ni luchar contigo misma; reconócelo y llévalo a la luz del presente. Soltamos los traumas ancestrales del pasado nombrando los desafíos y apelando a las fuerzas. Tu gente sobrevivió para crearte. Eres la prueba de que tus antepasados contaron con recursos, fueron creativos y decididos. Eres la prueba del amor que se transmitió de corazón en corazón a través de las distintas generaciones. Aunque tu ser fuera concebido con un acto de violencia, o hubiera fuerza o maltrato en tu línea ancestral, estás rodeada de eones de un profundo e instintivo amor de mamá y papá que niegan las acciones que derivan del miedo. Linda Hogan resumió la relación que podemos cultivar con nuestros antepasados de esta manera: «Caminando, oigo algo más profundo. De repente, todos mis antepasados están detrás de mí. "Quédate quieta —me dicen—. Observa y escucha. Eres el fruto del amor de miles de personas."»

Incide en esta cadena de amor incidiendo directamente en la sabiduría y los dones de tus antepasados. Un lugar fabuloso para obtener ayuda a través de la limpieza generacional es a partir de nuestros mismos antepasados.

APORTA TUS DONES HONRANDO A TUS ANTEPASADOS

En muchas culturas distintas del mundo, los antepasados son reverenciados, recordados y considerados un referente. Los samoanos entierran a sus padres en el jardín delantero de su casa para poder saludarlos cada día. Los mexicanos celebran con alegría y mucho colorido el Día de los Muertos. Van al cementerio a hacer un picnic y llevan comida y alcohol a los seres queridos que se han ido. El día del Año Nuevo chino un gran número de personas limpian las tumbas de sus familiares fallecidos, y son muchos los que rezan a diario frente a diminutos altares que tienen en casa dedicados a sus antepasados. Algunas tribus africanas se horrorizan solo de pensar que tienen que tomar una decisión para la comunidad sin pedir consejo a sus antepasados para poder contar con su apoyo y sabiduría.

A pesar de que es muy común honrar o hablar con familiares directos que han fallecido, la idea de conectar con los antepasados muertos, sobre todo con los fallecidos que no conocemos o no nos gustaban cuando estaban vivos no es uno de los puntos prioritarios en la lista de quehaceres diarios de la mayor parte de las mujeres modernas. Desde el punto de vista de la Diosa Guerrera, damos la bienvenida a todos los recursos, tanto si adoptan una forma espiritual como si se trata de una respiración. A veces esto conlleva una cierta reconfiguración cerebral. Tenemos que dejar de creer que la única percepción o guía relevante para nosotras procede de lo vivo, mostrarnos dispuestas a perdonar y elegir buscar el bien en los que ya han fallecido. La mayoría estamos abiertas a la idea de que los que conocimos cuando vivían nos vigilan una vez fallecidos, pero no nos olvidemos de las generaciones anteriores.

Yo nunca conocí a mi abuela materna; murió mucho antes de que yo naciera. Pensé, cuando me vino por primera vez la idea a la cabeza, que era una barbaridad poder entrar en contacto con ella. Hacía mucho que había muerto; ¿cómo era posible que la conociera? Pero solo por el hecho de abrir la puerta a esa posibilidad, descubrí que en efecto tengo una relación con mi abuela fallecida, que podía sentir su presencia, y que a veces me hablaba, animándome a seguir mi senda espiritual o invitándome a escuchar con mayor profundidad mi corazón.

Sobre todo sentí la esencia de quién había sido ella, y lo parecidas que somos las dos. Soy de su misma sangre; su ADN me ha dado la vida.

Solo queriendo establecer una conexión con un antepasado conocido o desconocido descubrirás que eres parte de una cinta que vincula a hombres y mujeres que quieren que superes el punto que ellos alcanzaron.

LECCIÓN CUATRO: RECURSOS

Dones

- Eres un ser energético, y como la electricidad, tu energía circula mejor cuando estás enraizada a la tierra.
- Te creas una falsa sensación de seguridad cuando conectas tu bienestar a roles, personas o cosas.
- La libertad llega cuando te liberas de viejos patrones y creencias ancestrales y reclamas que confías en tu expresión auténtica.
- Cuando bendices y honras a tus antepasados, te llevas su sabiduría y sus dones.

Exploraciones

Una bella manera de honrar a tus antepasados es crear un altar para ellos. Ese altar será un lugar donde honrar a tus ancestros y decirles que te sientes agradecida por la vida. En el altar puedes colocar retratos, velas, reliquias familiares u objetos, blasones familiares… o bien ropa, flores u objetos que te gusten de la naturaleza. También puedes erigir un altar para un miembro específico de tu familia a quien amaste y que te dio su apoyo. Siéntate frente a ese altar durante unos minutos hoy, y escucha la orientación o sabiduría que te llega a través de él.

LECCIÓN CINCO

Energiza tu sexualidad y creatividad

Por eso digo que si estás ardiendo, arde. Si puedes soportarlo, la vergüenza arderá y desaparecerá; te dejará resplandeciente, radiante y sin vergüenza, bendita.

ELIZABETH CUNNINGHAM

Cuando empecé por primera vez el camino de la sanación de la Diosa Guerrera al principio me mostré muy reticente a considerar mis creencias sobre la sexualidad. Mi mente me decía que me hallaba en un camino espiritual y no podía perder el tiempo en cosas tan triviales como curar décadas de porquería acumulada en este tema. «¡Yo me quedo como estoy, gracias pero no!», era mi lema cuando tocábamos el tema del sexo.

Sin embargo, cuando deshice los nudos y reparé las fugas de mi propio flujo sexual interior, me hice un gran favor y devolví mi propia energía a mi cuerpo. Compartiré más cosas sobre mi viaje más adelante, en este mismo capítulo. En primer lugar, demos un vistazo general al terreno que recorreremos juntas.

Son enormes la confusión, el miedo, las distorsiones y las heridas que existen respecto al tema del sexo en nuestra cultura. Muchas mujeres están heridas de algún modo en su sexualidad; aunque sencillamente sea por el hecho de verse rodeadas de tantos anuncios que nos demuestran lo que significa ser sexy y por los numerosos tabúes de la vieja escuela que afirman que ser sexy nos perjudica en el momento de afirmar nuestro propio cuerpo y naturaleza.

Hay muchas maneras de exprimirle el jugo a nuestra esencia sagrada y sexual. Aprendemos mucho sobre la sexualidad: es peligrosa, nos acarreará problemas, es vergonzosa, no es espiritual, nos herirán, nos rechazarán, nos verán como personas promiscuas, es demasiado, es demasiado poco, soy demasiado vieja para el sexo…

A veces, cuando iniciamos un camino espiritual pasamos por alto de forma consciente o inconsciente plantearnos nuestra naturaleza sexual creyendo que esta obstaculizará nuestro crecimiento. En el camino de la Diosa Guerrera, es más bien lo contrario; para convertirte en la mujer que tienes que ser es preciso que vuelvas a valorar tus ideas y creencias sobre el sexo.

Muchas personas están confundidas en lo que respecta a su sexualidad. Si escuchas las historias de la gente sobre la energía sexual (y las historias que pueblan tu mente), oirás dos mentirijillas fundamentales muy interesantes.

Una es la de que la sexualidad es sucia y pecaminosa. Para maquillar esta mentirijilla se dice que tu sexualidad debe controlarse porque, si no, te convertirás en un animal que salta sobre todo lo que se mueve, destruye civilizaciones siguiendo la estela de su lujuria carnal y terminará haciéndote arder en el infierno para siempre. (Ríete si quieres, pero es terrible ver lo que llevamos dentro a causa de esta forma de pensar.)

La segunda mentirijilla es que la única manera de conseguir algo en la vida es llevando tu sexualidad a flor de piel. Para maquillar esta segunda mentirijilla se dice que si quieres ser popular, que se fijen en ti y te valoren, si quieres encontrar pareja o tener posesiones materiales, tienes que exudar una gran cantidad de vibraciones sexuales y llevar poca ropa para que se vea la mercancía. (Para más información, abre una revista cualquiera, echa un vistazo a las vallas publicitarias o enciende la televisión.) Te invito a que elimines todas las historias que te has contado a ti misma sobre el sexo, y las de los demás, y busques el cubo de basura más cercano.

Y ahora empecemos desde el principio con la información que desearía que todos hubiéramos podido obtener con amor antes de llegar a los ocho o nueve años de edad. En primer lugar, la energía sexual es una potente fuerza de la naturaleza que fluye a través de los pájaros, las abejas, las flores y los árboles, y a través de ti. Es una energía blanca e inmaculada como la nieve que danza a través de todos los seres de dos y de cuatro patas, de los animales que reptan y nadan, y de todas las plantas, desde las semillas hasta las flores y los frutos. No es nada malo, no es sucio, inmoral ni amoral. Es la fuerza motora central de la creación del planeta. Un buen sexo nos libera de nuestra mente y nos sumerge en los hermosos placeres del cuerpo, borra limitaciones y bloqueos, y ablanda nuestras corazas habituales. Un sexo magnífico nos aleja de nuestra personalidad y nos hace penetrar en el alma y en nuestra conexión con toda la vida.

A veces es cálido e insistente como el fuego; a veces fluye como el océano un día sin viento. Tu respiración fortalece su poder juguetón, mientras que el miedo y el estrés lo apagan. Tu sexualidad es uno de los mejores regalos que la divinidad tiene para ti y los afortunados con quienes decidas compartirla.

La energía sexual constituye las raíces profundas de tu creatividad y pasión. Son las ramas floridas de la diversión sensual de tu cuerpo y tus sentidos.

Tu sexualidad es sagrada, y es profundamente individual. Todas las maneras de expresión sexual son hermosas cuando hay un consentimiento consciente. Aprende primero el flujo de tu propia sexualidad y energía, y luego juega con los demás sintiéndote guiada.

Nunca hagas nada que no quieras hacer. Sigue tu experiencia y ve a tu ritmo sin atenerte al deseo o a la necesidad de los demás. El sexo no es un premio que se entrega o un arma para retener a otra persona.

Ser una Diosa Guerrera no significa ser pía o asexuada. Más bien tiene que ver con tener un acceso completo a toda tu energía, incluyendo tu sexualidad. La sacerdotisa más alta del tarot es la «virgen», no porque prescinda de la sexualidad, sino porque su sexualidad es para ella; es soberana. Esto significa que cuando ejerce su sexualidad con los demás no ata con una cuerda ni se deja atar por los demás. No utiliza su sexualidad para manipular o para cazar a otras personas. Nunca la ejerce porque se vea obligada a ello o porque tenga que cuidar de los demás. Su sexualidad es sagrada, ¡ama su propio fuego! Su camino es encender su pasión para sí misma, honrando su naturaleza sexual y sanando o despejando los miedos o cualquier otro tipo de creencias que mitiguen su acceso a su fuerza vital.

Esto no significa que tengas que permanecer en una relación de pareja tradicional. Quizá estés casada. También puedes elegir el celibato o vivir un tiempo sin tener una relación.

Puedes tener amantes o amigos con los que explorar. Cuando aprendes a aprovechar tu energía sexual, no importa si tienes un compañero sexual durante mucho tiempo, no tienes ningún amante o cuentas con docenas de ellos. Tu objetivo es reclamar tu fuerza vital sexual del modo que resulta más adecuado para ti.

Dos zonas a las que hay que prestar atención en lo que respecta a tu sexualidad son tu imagen corporal y el miedo al poder. Si estás avergonzada o incómoda con tu físico, eso puede influir en tu conexión con tu flujo sexual.

Una de mis maneras preferidas de transformar nuestra relación con nuestro cuerpo y nuestra sexualidad es la que plantea Marion Woodman. Esta escritora, una de las más leídas sobre temas de psicología femenina, nos invita a bailar desnudas delante de un espejo cada día hasta que nos hayamos liberado del odio o de la vergüenza y aprendamos a ver la sacralidad de nuestro cuerpo. Cuando dejamos de mirar las revistas y los anuncios y de compararnos con quienes creemos que tenemos que ser, podemos mostrarnos con el cuerpo que tenemos y sentir gratitud por la capacidad que nuestro cuerpo tiene de recibir placer, independientemente de nuestro peso o nuestra edad. Esta noción de amar nuestro cuerpo nos ayuda a escuchar lo que este necesita para tener la mayor salud posible, en lugar de desear que sea distinto.

La sexualidad también se ve conectada a menudo con el miedo a nuestro poder. Con frecuencia, de pequeñas nos enseñan a aplacar nuestro dinamismo y descaro, y a veces aprendemos a temer nuestra propia energía y nuestro estado salvaje. Tu sexualidad es poderosa, porque es energía vital que fluye a través de ti. Cuando reclames tu sexualidad para ti misma, tendrás más confianza. Tendrás más claro lo que quieres y lo que no quieres en el dormitorio y en todos los otros espacios de tu vida. Encontrarás tu voz, aprenderás a tener respeto hacia ti misma y perderás el miedo a pasarte de la raya o a quedarte corta. A veces te asustarás, pero como Diosa Guerrera adquieres poder cuando reclamas tu sexualidad para ti. Cuando accedes a su flujo, todas las áreas de tu vida se verán afectadas.

Ahora voy a mostrarte los siguientes pasos para que seas dueña de tu sexualidad, sensualidad y fuego creativo.

PRACTICA EXPERIMENTOS SEXUALES

Tanto si eres soltera como si tienes pareja, la experimentación sexual es un camino poderoso para conectar con lo divino y para sanar. Puedes practicar experimentos para tener claro lo que te gusta, para explorar algo nuevo o para mover energía de maneras distintas. Los experimentos van desde obsequiarte con una comida sensual a pedirle a tu cónyuge que represente contigo una fantasía, o bien pedirle a tu amante que se pase treinta minutos haciéndote un cunnilingus. La creatividad es un gran factor en este punto: ¡no te reprimas!

Los experimentos te hacen crecer y te mostrarán los lugares que necesitas sanar y los lugares en los que puedes crear un mayor flujo. Si reservas un tiempo sagrado para las citas sexuales, creas un espacio en tu vida para profundizar y mostrarte más abierta que en el pasado.

Si en la actualidad no tienes una pareja sexual, e incluso si la tienes, te recomiendo vivamente que establezcas citas sexuales contigo misma para darte placer. Ve muy despacio y permítete recibir y abrirte. Di en voz alta lo que quieres, ¡así harás prácticas!

Antes de empezar un experimento sexual, ten clara cuál es tu intención. ¿Por qué quieres soltar más energía sexual? ¿Qué estás dispuesta a limpiar de tu ser? ¿Cómo quieres conectar con tu útero? Recuerda siempre que la energía sexual es la energía de la vida. Al crecer tu capacidad sexual y tu placer obtendrás una mayor creatividad, dinamismo y alegría en todos los demás aspectos de tu vida.

Honra el lugar en el que estás y utiliza experimentos para forzar los límites… ¡sin sobrepasarlos! Sabrás que has ido demasiado lejos cuando abandones tu cuerpo o te cierres en banda. Retrocede e imagina lo que puedes hacer en lugar de centrarte en lo incómodo que ha resultado ir demasiado lejos. Quizá quieras buscarte un compañero sexual para hacer experimentos con él. No tienes que mantener una relación formal para explorar tu sexualidad; a menudo no cuesta mucho encontrar un compañero de juegos. Consulta el apartado de Recursos para la Diosa Guerrera y tendrás una mayor información sobre las citas, el modo de encontrar compañeros sexuales y todos los comentarios importantes para practicar un sexo seguro.

¿Qué hace surgir y activa nuestra naturaleza sexual? ¿La ropa? ¿La música? ¿La naturaleza? Por ejemplo, una de mis alumnas se dio cuenta de que cuando se sentía más sexual era cuando se ponía el mono de trabajo para arreglar el jardín. Otra compartió con nosotras que le encantaba llevar lencería fina debajo del traje que usaba para ir a la oficina. Desprendámonos de las ideas anticuadas y observa qué es lo que te aporta una sensación de sagrada sensualidad y placer.

Y ahora fíjate si te ha atraído algo en concreto al leer este capítulo. ¿Qué te está diciendo la mente? Explora tus reacciones y fíjate con curiosidad en cuáles son tus creencias sobre tu sexualidad. Si necesitas limpiar algo, ¡adelante!

Permíteme compartir contigo esta parte de mi viaje hacia la unidad. Espero que veas el valor inmenso que tiene ser valiente y tomarte el tiempo de sanar y reclamar tu flujo sexual innato y bello… para ti, y para nadie más.

Cuando era jovencita limité profundamente el río de mi sexualidad. Me hice un lío entre mis creencias y mis miedos: «Si soy la dueña de mi energía sexual, la gente me verá como una puta» o bien «espiritualidad y sexualidad no van de la mano».

Tuve muchas parejas y pocos amantes por el camino, pero cada nueva relación se desplegaba de una manera predecible. El río sagrado de mi sexualidad se desbordaba durante unos meses, pero pronto se secaba y yo retomaba mis patrones estructurados respecto a la energía sexual. Empezaba con un gran entusiasmo y excitación sexual, y luego descubría que me cerraba en banda y no quería ser sexual porque cuando así lo hacía, empezaba a llorar descontroladamente o me encontraba embargada por un miedo indescriptible. Como no comprendía lo que estaba sucediendo, negué mi energía sexual y reprimí el flujo.

Envidiaba a las mujeres que hacían uso de su poder y eran dueñas de su sexualidad, pero me resultaba inimaginable que algún día yo pudiera ser una de ellas. Cuando dejé de admitir esa idea ante mí misma, y a un nivel muy profundo, me sentí rota por dentro.

Ya no me siento rota. Así es como hice el cambio.

Empezó como un ultimátum sorprendente que me hice a mí misma. (La sanación empezó técnicamente mucho antes, pero el ultimátum activó las cosas a un ritmo más veloz.)

Fue al comenzar el nuevo milenio; yo estaba en el proceso de terminar con una relación íntima que había durado tres años y podía sentir en lo más profundo de mi ser que estaba preparada para algo nuevo.

¡Qué poco consciente era de que el cambio que tenía que sobrevenir me llevaría a tener que enfrentarme a uno de mis mayores temores!

Ese cambio empezó el día en que me senté y mantuve una conversación con la Diosa Guerrera y el espíritu: la fuerza divina, creativa e invisible que muchos llaman Dios y que yo creo que no tiene género pero que adopta muchas formas y muchas manifestaciones.

«Vale, estoy lista para hacer grandes cambios», dije en voz alta en una habitación vacía a sabiendas de que el Altísimo me oía alto y claro. «No quiero seguir repitiendo mis viejos patrones de relaciones. Prefiero estar sola que estar con alguien que no me apoye al cien por cien para que sea yo misma. Estoy lista para dejar de echar la culpa a los demás y para dejar de culparme a mí misma. Quiero cambiar. Dime lo que tengo que hacer a continuación.»

Juro que pude oír al Espíritu saltar de alegría y reírse encantado. Y luego me infundió este conocimiento:

Me había llegado el momento de centrarme en sanar mi relación con mi sexualidad.

Durante los dos días siguientes discutí con tozudez con El que Todo lo Es, a pesar de que ya sabía la verdad. Al final me rendí y dije al Dios o a la Diosa: «¡Vale, de acuerdo! Me centraré en sanar la relación que tengo con mi sexualidad. Por favor, ayúdame. Estoy asustada y no sé cómo hacerlo.» El apoyo y la guía que necesitaba aparecieron tal como sé que te ocurrirá a ti cuando estés lista para sanar y reclamar tu flujo sexual.

Aquí están algunos de los pasos que di por el camino. Leí mucha literatura erótica sobre mujeres para ver qué era lo que me estimulaba. Miré pornografía de calidad creada para mujeres para ver a qué estímulos reaccionaba. Hablé con muchas mujeres sin pelos en la lengua sobre su sexualidad y experiencias. Aprendí a masturbarme despacio y a ver lo que le gustaba a mi cuerpo. Antepuse mi sanación a todo lo demás. Encontré amantes que apoyaron mi sanación, que no necesitaban que yo fuera de una manera determinada y me retaban a que me viera como era, sin dudas, y no como un ser fragmentado. Encontré aliados, gente que compartía la idea de su viaje curativo conmigo. Al contar con otras personas con las que pude hablar sobre temas que representaban un desafío para mí o incluso de tabúes, aprendí lo parecidos que somos todos. A menudo, las experiencias vergonzosas o confusas que creía que solo me sucedían a mí en realidad las vivían también los demás. Aprendí, a partir de los viajes curativos de otras mujeres, que es posible sanar y llegar a amar mi sexualidad.

De corazón te diré que no importa la porquería que hayas acumulado o las vallas que hayas levantado para mantenerte sana y salva, puedes reclamar tu sagrado flujo sexual. El flujo es tu naturaleza. Nadie puede llevarse consigo tu esencia sexual, y esta nunca puede romperse. Las aguas de tu sexualidad pueden parecer contaminadas en apariencia, momentáneamente, pero el agua siempre puede llevarse a su estado más puro. Siempre. Sin excepción.

Sanar y reclamar tu sexualidad implica utilizar mucho jabón y agua internos para limpiar con suavidad tu energía sexual de traumas pasados, ideas equivocadas, represiones y miedos. Sigue limpiando con amor hasta que la naturaleza original, inocente y preciosa de tu fuerza vital sexual surja como un bebé risueño del baño. Lo que descubrirás con los ojos de la inocencia es que tu sexualidad es una pura fuerza vital, y una conexión mágica a una creatividad juguetona e infantil.

LA CREACIÓN CONSCIENTE

Tu energía sexual es tu energía creativa. Puedes utilizar el sexo para reproducirte, un acto sumamente creativo. Y también puedes utilizar la energía fiera de tu sexualidad y canalizarla como catalizadora que dé paso a otra cosa, desde escribir libros a ejercer una profesión, desde la práctica sanitaria a la espiritual. En su punto central tu energía sexual es tu flujo creativo, y cuando eliges canalizarla, todo se convierte en un arte.

Existe una gran diferencia entre expandir de manera inconsciente la energía sexual y acceder de una manera consciente a la fuerza vital con la que todos estamos bendecidos desde nuestro nacimiento. Una es la expresión sucia de una necesidad, un modo de sentirnos amados a través de nuestra sexualidad. La otra es el reclamo placentero de nuestro derecho al placer que tenemos por nacimiento: el placer del sexo y el placer de la creación, en cualquier forma.

Cuando eres dueña de tu sexualidad como tu fuego interno, permites que abandone tus genitales y se centre en el acto físico del sexo y la liberas para que aporte pasión a todas las áreas de tu vida. En lugar de «Siento mi sexualidad; necesito actuar o librarme de esta energía» dices «Siento mi sexualidad; ¿hacia dónde puedo canalizar esta energía?» Y tanto si estás trabajando en el jardín, cantando, pintando, bailando o tejiendo, puedes aportar más vitalidad y calor a tus actividades cuando dejas que tu energía de fuerza vital y sexual fluya a través de tus manos y tu corazón.

Las Diosas Guerreras son seres creativos; creo que tenemos la necesidad de expresarnos de una forma única y personal. Podemos hacerlo cocinando, eligiendo ropa, pintando, criando a nuestros hijos de una manera artística, con la fotografía o creando un blog. Es descubrir lo que nos apasiona, lo que enciende nuestro fuego interior y nos hace sentir que llevamos una mecha prendida dentro. La creatividad es un elixir de la vida. Impide que nos agotemos y quebremos al mantener la esencia de nuestra fuerza vital y canalizarla hacia nuevas ideas, proyectos y visiones.

No tengas miedo de tus pasiones. Deja que te llenen y te inspiren. Estoy hablando de tu deseo más íntimo de conexión, del espacio en el que te abres a lo divino de una forma que alimenta tu alma y te hace sentir más viva que nunca. Si todavía no tienes una salida creativa, sigue buscando una que te ilumine desde tu interior. No esperes. Dirígete hacia lo que encuentras más apetecible, desde bailar hasta practicar esquí náutico o jardinería.

LECCIÓN CINCO: RECURSOS

Dones

- Tu sexualidad es energía de fuerza vital, conectada a tu creatividad, vitalidad y alegría.
- Tanto si eres célibe, tienes pareja o tienes muchos amantes, reclamar y sanar tu relación con tu sexualidad es uno de los mayores regalos que puedes ofrecerte.
- Permanece dispuesta a descubrir tu integridad sexual. ¿Qué te excita?

- Hacer experimentos sexuales contigo misma o con los demás es uno de los caminos que te conducirán a ser dueña de tu sexualidad.
- Tu creatividad es tu manera de acceder a una vida plena y rica. Descubre cuáles son tus pasiones y emprende acciones que te aporten vida.

Exploraciones

A pasitos chiquititos

Uno de los mejores experimentos que puede hacer la Diosa Guerrera de tu interior es pedir y recibir lo que quieres. Muchas mujeres se sienten seguras dando sexualmente, pero en realidad no se permiten rendirse para recibir. Busca el momento para la rendición y recibe (¡con un compañero o contigo misma!). Observa si te resulta fácil o difícil. ¿Puedes permitirte recibir placer sin devolver nada a cambio? ¿Puedes permitirte abandonar el control y dejarte empujar un poco más allá de tus corazas para fundirte plenamente con lo divino? ¿Eres capaz de pedir lo que quieres en su momento?

Curarse del maltrato sexual

Muchas mujeres sufrieron maltratos sexuales de pequeñas o de adultas y eligieron bloquear su energía sexual. A veces ejercer la sexualidad hace surgir viejos traumas o recuerdos, o provoca que las mujeres se disocien. Para sanar de viejas heridas, es importante dejar claro quién las infligió y echarlo de tu útero. Usa la respiración para llevar amor y aceptación a los lugares donde tienes las heridas y libérate de toda energía que

115

no te pertenece. Presta atención a las distintas maneras en que te maltratas a ti misma, como cuando te muestras demasiado dura o mantienes relaciones sexuales en contra de tu voluntad. Cambia tu comportamiento para que coincida con tu propósito: aportarte un contacto y una sanación amorosos y olvidarte de los traumas.

Puedes sanar. Solo requiere paciencia, y el deseo de dejar de ser una víctima. Otórgate experiencias sexuales positivas y divertidas. Si surgen emociones, sencillamente deja que pasen estos sentimientos. No es necesario que sepas de dónde provienen; solo deja que fluyan. Si surgen recuerdos o empiezas a abandonar tu cuerpo, detente y pregúntate qué es lo que necesitas: que te abracen, que enciendan la luz, etcétera. Es muy valioso trabajar con un compañero amoroso y conectar con él visualmente y de corazón a corazón.

EJERCICIOS: CULTIVAR LA CREATIVIDAD

A menudo hago este proceso como un ejercicio de pareja en mis talleres. Funciona muy bien cuando se hace solo, pero todavía es más expansivo cuando se trabaja con un amigo creativo.

Elige un tema que estés trabajando y practica nuevas soluciones. Empieza respirando con el vientre y apela a la energía creativa de la fuerza vital. A continuación idea al menos cinco soluciones creativas para tu problema y no pongas límites a su realismo. No pienses; escríbelas sin retocarlas ni releerlas. Para este ejercicio, cuanto más osadas sean tus ideas, más se abrirá tu cerebro con soluciones creativas que te brindarán su apoyo.

Te plantearé un par de ejemplos de lluvia de ideas creativa. Verás que algunas son simples, mientras que otras invaden el ámbito de las locuras. Escríbelas todas, y luego repasa para encontrar acciones posibles.

Problema: Mi relación acaba de terminar, y quiero hacer las cosas de una manera distinta.

Lluvia de ideas creativa:

- Celebrar mi divorcio en un local para fiestas con algunas amigas íntimas que me den su apoyo.
- Pasar una semana de retiro alimentándome con comidas deliciosas y dando largos y frecuentes paseos.
- Dedicar el tiempo que estoy sola a hacer algo que siempre he soñado hacer, como submarinismo o alfarería.
- Poner un anuncio en Internet para citarme con quince personas durante un mes teniendo claro que no iniciaré ninguna relación, sino que sencillamente exploraré lo que me gusta o cómo me siento con los demás.
- Me afeitaré la cabeza y me dedicaré a meditar durante un año.
- Me haré voluntaria y ayudaré a un niño necesitado.
- Encontraré a un buen terapeuta o a un guía espiritual.

Problema. Me cuesta mucho que mi hijo adolescente se levante de la cama por las mañanas, y eso está creando mucha tensión en la familia.

Lluvia de ideas creativa:

- Pídele a su hermana pequeña que le despierte cada mañana con hielo.

- Cómprale un despertador y déjale claro que es cosa suya levantarse.
- Oblígale a irse a la cama completamente vestido y con todas sus cosas preparadas.
- Contrata a una banda para que por las mañanas se ponga a tocar marchas bajo su ventana hasta que se levante.
- Comunícale que ya no tiene que ir a la escuela. Que se saque el certificado de la ESO cuando quiera.
- Dile que tiene que quedarse a dormir en el instituto.
- Pregúntale qué es lo que le ayudaría a levantarse por la mañana.

Con la lluvia de ideas aparecerán nuevas posibilidades. Sigue respirando con el vientre conectando con tu fuerza vital creativa y dejando que el cerebro se adentre en lo extravagante. Cuando revises tu lista probablemente encontrarás una nueva solución.

Fíjate en lo que sueles hacer y busca algo que sea distinto de tu patrón habitual. ¡Sé creativa! Las mejores acciones para ayudarte a recuperar tu integridad proceden de la fuente de creatividad que posees. Sé juguetona cuando imagines modos y maneras de experimentar y emprender una acción.

LECCIÓN SEIS

Apela a tu fuerza y activa tu voluntad

Solo hay dos clases de mujer: las diosas y los felpudos.

Pablo Picasso

En el pasado solía comportarme más como un felpudo que como una diosa. Todo empezó con mi primer novio, cuando tenía dieciséis años. Acabábamos de mudarnos a Singapur y cursé mi primer año como una chica invisible, una tímida estudiante de bachillerato. Me conmovió que él se fijara en mí. Que él no solo se fijara en mí, sino que además yo le gustara, me produjo una inmensa alegría. Me sentía como una recién descubierta princesa tras mi ortodoncia dental, las gafas y mi embarazosa torpeza.

Quería gustarle tanto que su voluntad se convirtió en la mía. Lo que él quería, lo hacía yo sin rechistar. Mis deseos eran los últimos en ser satisfechos, y siempre ponía su bienestar por delante del mío. Quería gustar, e intenté ser la persona que creí que a él le gustaría. Pero al actuar así, utilicé mi poder para convertirme en lo que yo pensé que debía ser en lugar de utilizar mi energía en descubrir quién era yo y lo que me gustaba a mí.

No es necesario que añada que cuando esta primera relación terminó, mi patrón de complacer a los demás siguió entretejiéndose a través de todos los aspectos de mi vida, desde el trabajo hasta las relaciones, desde las amistades hasta las decisiones personales. Nos resulta muy fácil, a nosotras como mujeres, delegar nuestras elecciones en los demás y darles nuestro poder sin percibir que nos estamos haciendo daño. Sin embargo, cuando reconocemos este viejo patrón, podemos empezar a recoger las semillas esparcidas de nuestro poder y aprender a nutrirnos de nuestra propia estabilidad.

Como explicábamos en la primera lección de la Diosa Guerrera, «Comprométete contigo misma», el poder verdadero no proviene de las personas, los lugares o las cosas, sino de nuestro interior. Para apelar a tu fuerza tienes que ser honesta, reconocer el punto exterior en el que has depositado tu poder y saber si estás buscando la seguridad en antiguas estrategias en lugar de realizar una acción consciente.

Activas tu voluntad cuando tienes claro lo que en realidad quieres para ti misma, y cuando emprendes una acción basada en este conocimiento. Si te consume lo que dicen los demás, estás reprimiendo tus miedos y no tendrás la voluntad suficiente para conservar tu poder.

Por eso, el primer paso para apelar a tu fuerza y activar tu voluntad es tener claro lo que quieres. No lo que quiere tu víctima, o lo que quiere tu juez, o lo que te gustaría a ti, sino cuáles son tu visión y tu propósito más ambiciosos. Lo que he descubierto es que cuando tienes claro lo que desea tu corazón, el universo da un paso adelante ¡y te presenta diversas maneras de apoyarte que son magníficas!

Descubramos qué quieres en realidad en las áreas principales de tu vida. En una hoja de papel escribe las respuestas a las preguntas siguientes. No pases demasiado tiempo pensando las respuestas o te arriesgarás a sucumbir al papel de juez o víctima. No importa si oyes que en tu cabeza te están gritando «¡Esto no es realista!» mientras escribes las respuestas; de lo que se trata es de que tus verdaderos deseos se expresen.

- ¿Cómo quieres que sean tus relaciones más íntimas? (Esta pregunta puede incluir a los demás y/o a ti misma.)

  - Mi respuesta: *quiero que mis relaciones íntimas se basen en la honestidad, el respeto y la compasión, y quiero darme apoyo y amor a mí misma, aun cuando cometa errores.*

- ¿Cómo quieres que sea tu profesión? (¡Recuerda que quedarte en casa con los niños es un trabajo de lo más completo!)

  - Mi respuesta: *quiero escribir un libro al año, tener un hogar equilibrado y viajar, y compartir mis enseñanzas con muchas personas para ayudar a que se transformen y a que abran espacio para el amor y la creatividad en el mundo.*

- ¿Cómo quieres que sean las relaciones con tu familia y amistades? (Imagina un lugar de confianza y carente de todo juicio, y recuerda que no podemos recibir lo que somos incapaces de dar.)

  - Mi respuesta: *quiero tener tiempo para jugar y divertirme con mis amigos y mi familia.*

- ¿Cómo quieres que sea tu tiempo libre? (¿Quieres bailar más? ¿Pasar más tiempo aprendiendo? ¿Viajar?)

  o Mi respuesta: *quiero pasar más tiempo cantando y en la naturaleza. Quiero permanecer centrada en mis prácticas espirituales y hacer ejercicio para que mi cuerpo se sienta fuerte y sano.*

No reescribas tus textos; solo mira lo que te sale. Tener claro lo que quieres es una manera magnífica de empezar a conseguirlo.

Nota: a veces la vida nos presenta situaciones que nos impiden ir en pos de lo que realmente queremos en el momento actual. Por ejemplo, tengo una amiga a quien le gustaría mucho vivir en Europa, pero su madre es mayor y está delicada de salud. Mi amiga ha elegido por ahora quedarse en Estados Unidos con su madre para ayudarla durante los últimos años de su vida. Es decir, a pesar de que una parte de mi amiga desearía vivir en otro lugar, ha elegido conscientemente quedarse en Estados Unidos por de pronto, y es consciente de que le interesa más ocuparse de su madre que vivir en Italia. Es consciente y no se hace la víctima por la decisión que ha tomado. También sabe que en un futuro no muy lejano probablemente podrá hacer realidad su sueño de vivir en el extranjero.

VOLVER A LA ACCIÓN AUTÉNTICA

Cuando aprendemos a reconocer lo que deseamos en realidad, la mayoría nos damos cuenta de que, de hecho, hemos hecho un uso indebido de nuestra voluntad hasta ese momento de la vida.

Lo más probable es que hayas aprendido a utilizar tu voluntad con un único propósito: permanecer sana y salva. Son muchas las maneras en que nos creamos una (falsa) sensación de seguridad:

- intentando cambiar y manipular nuestro entorno (controlar)
- saltando de una cosa a otra (distraernos)
- escondiéndonos y fingiendo que somos insignificantes (aislarnos)
- asegurándonos de que gustamos a los demás (complacer)

A estas cuatro maneras de ser las denomino nuestras estrategias fundamentales. Escribí por primera vez sobre estas estrategias en uno de mis primeros libros, *Spiritual Integrity*, con Raven Smith de coautora. Te ofrezco una sinopsis para que veas cómo nuestras estrategias minan nuestras fuerzas y cómo recuperar nuestro poder a partir de ellas.

Nuestras estrategias fundamentales de afrontamiento

Como mujeres, la mayoría recurrimos a estas estrategias en nuestro interior. Además una de ellas está muy presente en nosotras. Tu estrategia fundamental es esa reacción de «ve a por ello», que te da una sensación de poder cuando te sientes asustada o confusa.

El propósito de dicha estrategia fundamental es arreglártelas en el mundo y crearte una sensación de seguridad y estabilidad.

Controladores

Los controladores se sienten seguros cuando están al mando del mundo que les rodea o de su propio mundo interno. Los controladores pueden ser grandes líderes o visionarios, pero a menudo utilizan su don para sofocar situaciones desagradables, para obligar a las personas a hacer lo que ellos quieren y para limitar la expresión. Los controladores gestionan sus propias emociones y las de los demás a través de un dominio o de una manipulación sutiles o explícitos. Creen que su manera de hacer las cosas es la más acertada.

Los que se distraen

Los que se distraen se mantienen sanos y salvos permaneciendo ocupados y ausentes. En lugar de estar en contacto con sus sentimientos o de enfrentarse a las incomodidades, los que se distraen pasan horas jugando a videojuegos, haciendo proyectos o dedicándose a sus aficiones, hablando con los amigos y buscando cualquier cosa que pueda representar una distracción. Los que se distraen tienen el gran don de dedicarse a varias cosas a la vez y a menudo tienen una gran agilidad mental, pero su energía se pierde con facilidad y les cuesta mucho centrarse para crear lo que desean en el mundo.

Los que se aíslan

Los que se aíslan en general se ocultan cuando están asustados o se encuentran en una situación desagradable. Esta manera de ocultarse puede ser física o puede ser un retiro interior. Cuando se desencadena (o antes de que pueda darse algún desencadenante), los que se aíslan buscan la seguridad de las colinas. Los que se aíslan a menudo tienen una gran conexión con el Espíritu y una excelente noción del yo, pero se encuentran escindidos entre el anhelo de que los·vean y comprendan profundamente y el deseo de ser invisibles. En general limitan su energía y sus elecciones.

Los que complacen

Los que complacen creen que solo serán aceptados y se sentirán a salvo cuando ayuden a los demás. Los que complacen están escrutando sin cesar las reacciones de los demás y quieren asegurarse de que todos sean felices. Sus dones son la sensibilidad y una aptitud para el servicio sagrado, pero cuando se centran en la estrategia de permanecer seguros, se vuelven hipervigilantes y se concentran en el exterior. El resultado es que a menudo se sienten víctimas y son personas resentidas. Los que complacen a los demás a menudo se sienten perdidos cuando no cuidan de los otros o no actúan para satisfacer las necesidades que perciben de los demás.

¿Cómo reaccionas a las situaciones de estrés? ¿Tomas el control y descubres de repente que hay otras cosas más importantes, te aíslas o cuidas de los demás y los complaces? Mira cuál es tu estrategia principal, la que haces por defecto cuando te cogen por sorpresa o te sientes desbordada.

Si eres como la mayoría, hay una parte de ti que no quiere cambiar, que ha invertido en la estrategia que has creado y que cree plenamente que esta te mantendrá «a salvo». Tu estrategia central está tan entretejida en los hilos de tu ser que tendrías que emprender una acción muy centrada para desenmarañar lo que es tu auténtico poder de lo que es tu estrategia.

Te propongo que investigues lo siguiente: dedica unos días a observar tu estrategia. ¿Cómo actúa en tu vida? ¿Cómo te afecta? Practica sentirte inspirada por la brillantez de tu estrategia, y no te sientas sobrecogida por su fuerza. Advierte si te fue útil en el pasado, sabiendo que mientras adquieres conciencia de los detalles de tu estrategia, estás conquistando el poder.

Pregúntate a ti misma: ¿estoy dispuesta a aprender a vivir más allá de mi estrategia? ¿Estoy dispuesta a aceptar el riesgo de hacer lo que debo para poder vivir de mi integridad en todos los aspectos de mi vida? ¿Qué tengo que hacer para tener más voluntad?

A menudo, cuando empiezas a desenmarañar tu estrategia, la reacción es: pero ¿cómo habría podido actuar? ¿Qué debería hacer? Tu percepción puede verse tan limitada por tu estrategia fundamental que a menudo no serás capaz de considerar si puedes ser de otra manera; has identificado tu estrategia central con la persona que tú eres. Y cuando empiezas a desafiar la estrategia, puedes sentirte insegura y fuera de control. Aquí es donde entra en juego la voluntad. En lugar de sentirte desbordada y confundida, puedes aprender a cultivar conscientemente tu deseo de vivir como una Diosa Guerrera, más allá de las estrategias. Tu predisposición será el combustible necesario para desenmarañar tus estrategias y aprender nuevos canales de comportamiento.

Cultivando la predisposición consciente, te mantendrás firme en los espacios incómodos mientras desenmarañas lo que es tu auténtica elección de lo que son tus estrategias. La disposición no significa que lo hayas comprendido todo o que sepas lo que viene a continuación. La disposición es un estado de apertura ante todas las cosas que surgen, y es estar presente con lo que están haciendo tu mente, tus emociones y tu cuerpo.

La disposición genuina tiene que empezar en algún lugar, y ese lugar es la verdad. No es el lugar en el que desearías estar o crees que deberías estar, sino donde estás en realidad en este momento. Necesitas estar auténticamente dispuesta a decirte la verdad sobre lo que quieres transformar de tu vida.

Como Diosa Guerrera, tu fuerza se centra en abarcar los desafíos de la vida, en amarte completamente, incluyendo tus debilidades, y en decir sí a las incomodidades. Eso no significa que tengas que buscar lo dramático o las situaciones difíciles, sino utilizar todo lo que tienes en la vida para propiciar la resistencia, el valor y la fuerza interior.

No hace mucho oí hablar de unos nuevos estudios sobre el estrés que ponen en entredicho todo lo que nos han contado sobre que el estrés es malo. Este nuevo estudio sugiere que el estrés podría ser bueno, en realidad, porque nos ayuda a cobrar fuerzas y a centrarnos cuando más lo necesitamos. La psicóloga clínica Kelly McGonigal cree que los efectos dañinos del estrés pueden ser la consecuencia de que estamos percibiendo que algo es malo para nuestra salud, pero el estrés en sí mismo no es malo. La naturaleza parece darnos el mismo mensaje a las Diosas Guerreras: puedes utilizar tu entorno y tus experiencias para dotarte de fuerza y volverte más resistente.

Cuando se templa el acero, el calor y la presión refuerzan el metal. Cuando una mariposa empieza a salir de su crisálida, debe esforzarse para que sus alas cobren fuerza. Si alguien libera a la mariposa de su capullo prematuramente, esta no podrá volar porque su estadio «de acero templado» no se habrá producido. En un estudio, y en vistas a realizar un experimento, se creó un ecosistema dentro de una burbuja protectora; el resultado fue que en ese ecosistema los árboles sanos cayeron inesperadamente. Los investigadores se dieron cuenta posteriormente de que esos árboles necesitaban viento para poder dotar de fuerza su estructura y mantenerse erguidos.

Si intentamos evitarnos el arduo trabajo de romper con nuestras antiguas estructuras limitadoras, o si hacemos responsables a los demás de nuestra propia libertad, no tendremos lo que es preciso para vivir genuinamente nuestra naturaleza esencial. Cuando estamos en nuestro propio centro, los desafíos con que nos encontramos nos modelan. Podemos ver nuestras luchas internas y externas como la crisálida o el viento, precisamente lo que fortalecerá nuestras alas y permitirá que nuestras ramas alcancen el cielo.

He descubierto que cuando me encuentro en una situación difícil, como cuando se aproximan unas fechas límites de entrega o estoy en un lugar que me resulta complicado emocionalmente, si puedo centrarme en mostrarme creativa y curiosa sobre la manera de templarme o reforzarme a mí misma, la supero. Los artistas a menudo dicen que la escasez, la tensión y las limitaciones de tiempo pueden ser capaces de mejorar su obra. Intenta cambiar de actitud para que todas las experiencias que te están desafiando puedan revelar tu poder y flexibilidad, y permítete extender tus alas. La fuerza de una Diosa Guerrera auténtica abarca los aspectos difíciles y sombríos de nosotras mismas. La fuerza no consiste en dominar lo que no entendemos o lo que nos asusta; se trata de aprender a trabajar con valentía con las energías de la vida. Es un movimiento interno hermoso el de no utilizar el poder de las sombras contra nosotras mismas, sino como fuente de energía.

La aceptación pura y el amor es el modo más directo de domesticar nuestros demonios internos. La rabia, el juicio, el enfado y el miedo solo alimentan elementos destructivos. Cuando abrimos nuestro corazón de una manera sincera y abandonamos la quietud pacífica, podemos establecer lazos de amistad con nuestra ferocidad. Dejamos de intentar gobernarnos a nosotras mismas o a los demás y elegimos dirigir creativamente nuestras emociones y nuestros miedos. Aprendemos a establecer unos límites claros y a clarificar nuestras expectativas con gracia y dignidad. La fuerza refleja un receptáculo fuerte y consciente que abarca todas las partes del yo. Todos estamos íntimamente ligados a nuestros deseos y sentimientos, y no debemos ignorarlo, ni luchar en contra. Trabajar con nosotras mismas en lugar de hacerlo en nuestra contra nos garantiza que poseeremos la energía que cure nuestras viejas heridas y revele nuestras limitaciones ocultas.

Cuando aceptamos el poder de nuestra Diosa Guerrera dejamos de utilizar contra nosotras las opiniones de los demás y nos centramos en mejorar la opinión que tenemos de nosotras mismas. Dejamos de tomarnos las cosas de una manera personal y pasamos de ejercer el papel de víctima / perpetradora y de ajustarnos al modelo bueno / malo para adentrarnos en el poder de lo amable y la ferocidad de la compasión, que existe más allá de la culpa y de las dudas sobre una misma.

Ser una diosa significa valorarse mucho. Es una actitud de respeto por una misma y de amor carente de compromiso. Ser una Diosa Guerrera significa sentirte cómoda con tu poder y tu vulnerabilidad, sabiendo que ambas son fuerzas.

EXPERIMENTAR MÁS ALLÁ DE LAS ESTRATEGIAS

Cada una de las estrategias que hemos mencionado tiene un don, una fuerza central que cuando se utiliza de modo consciente nos ayuda a alinearnos con nuestro poder auténtico. Pero pasar de utilizar nuestras estrategias de una forma inconsciente requiere tener disciplina. La disciplina no es un castigo, sino una aliada que nos ayuda a centrarnos y a dirigir nuestra voluntad y atención exactamente hacia donde queremos ir. Me encanta una cita de la poderosa gurú del fitness Patricia Moreno: «La disciplina es libertad. Es conseguir hacer de ti misma lo que en realidad quieres hacer.»

Una de las mejores maneras de abandonar las estrategias inconscientes y hacer lo que en realidad deseas, reaccionar como en realidad quieres y actuar como en realidad anhelas es experimentar para liberar tu energía. Queremos vivir auténticamente, no como autómatas. Es un cambio; es abandonar la voluntad de nuestra estrategia y penetrar en la voluntad de nuestra fuerza.

Esta clase de experimentos son parecidos a lo que los toltecas llaman «no hacer». Un no hacer es una acción que no haces por ningún motivo en especial salvo para romper viejos patrones. Algunos ejemplos simples de no hacer son comer con tu mano no dominante, conducir hacia el trabajo por un camino distinto cada día o cavar un agujero muy profundo y luego volver a llenarlo de tierra. El objetivo del «no hacer» es doble: te ayuda a aprender a poner el cien por cien de ti misma en una acción que no tiene recompensa ni sentido alguno y a desprenderte de tu forma habitual de ser.

Como las estrategias son hábitos conscientes, no hacer es una forma magnífica de crear una mayor fluidez y una mayor capacidad de elección. Lo que experimentamos son maneras nuevas de emprender una acción. Empieza observando los patrones y los hábitos de tu estrategia. ¿Cuando controlas, te distraes, te aíslas o complaces a los demás? Observa tu comportamiento y reacciones sin juzgarte a ti misma. Puede que te sientas desolada al ver cuántas veces actúas a partir de la estrategia en lugar de la autenticidad, pero sigue animada y cultiva la curiosidad.

Un par de indicaciones: si ejerces un papel de liderazgo en el trabajo, o aun cuando no sea así, te habrás entrenado en el control para conseguir tus objetivos. La estrategia global en el mundo del trabajo es controlar. Sin embargo, quizá no sea esta tu estrategia personal, sino solo algo que has aprendido en él. Deshacerte del control como estrategia en el trabajo es importante si quieres favorecer el auténtico liderazgo. Date cuenta de que en tu vida personal puedes ser alguien que complace o alguien que se aísla. Pon un nombre a tu estrategia personal y trabájala con independencia de los otros roles que desempeñes en tu vida.

En Estados Unidos y en casi todo el resto del mundo la estrategia global para sobrellevar las cosas es la distracción. Si no, mira la popularidad que tiene Facebook: ¡es el paraíso del que se distrae! O bien date cuenta del ritmo rápido, de las ediciones abreviadas, de los frecuentes intermedios que destina a la publicidad la televisión y de la tendencia que existe a redactar mensajes cortos en lugar de dar una información en profundidad. Es decir, que a pesar de que puedas tender a distraerte debido al entorno en el que te encuentras, tu estrategia personal puede ser el control, el aislamiento o la complacencia. Creo personalmente que todas las Diosas Guerreras pueden beneficiarse si se van apartando paulatinamente de las distracciones que hay en sus vidas.

Para realizar un experimento distinto, elige un horario y unas acciones específicas. Ten claro el experimento y sé precisa, e intenta permanecer abierta al resultado. Si crees que ya conoces el resultado, no estás haciendo bien el experimento. Los experimentos consiguen que nos resulte fácil probar lo nuevo y pueden ayudarnos a permanecer centradas cuando lo que nos planteamos es un desafío.

Veamos un par de ejemplos sobre lo que sería el no hacer. Búscate un horario… ¡y adelante! No hablamos de realizar acciones definitivas, sino de utilizar tu voluntad para dotarte del mayor número posible de elecciones.

- Para las controladoras: da tu opinión con rapidez. No plantees tu punto de vista, ni siquiera cuando te lo pidan. Quédate en silencio. Practica decir: «Me equivoqué.»

- Para las que se distraen: plantéate realizar sesiones habituales durante cinco minutos para centrarte, detenerte y prestar atención a tu respiración y a tu cuerpo. Haz una sola cosa cada vez. Espera un minuto entre tarea y tarea.

- Para las que se aíslan: ve a una reunión o a un acto aunque no te apetezca. Plantéate conocer a una persona nueva cada día. Intima con alguien que conoces y confíale alguna de tus vulnerabilidades.

- Para las que complacen a los demás: di no a las peticiones que recibas y a las que generalmente dirías que sí. Cuando estés en casa de otra persona, no friegues los platos ni hagas tareas extras. Si alguien te pregunta dónde quieres ir a comer, dale tu opinión.

Todo experimento bueno para que cambies de estrategia te desafiará en algún sentido porque entra en el ámbito de lo desconocido. Sé amable contigo misma. A menudo emprendemos estrategias específicas como los niños, y puede ser de lo más incómodo cuando empezamos a cambiarlas. Sigue adelante y deja que todo se transforme.

Nuestra próxima lección para la Diosa Guerrera nos guiará para disolver las viejas corazas y permitir que el brillo de nuestro poder más interior irradie hacia fuera.

LECCIÓN SEIS: RECURSOS

Dones

- El poder se consigue profundizando en nuestra relación con nuestro guía más interno.
- La fuerza se consigue avanzando hacia delante y amando nuestros miedos y debilidades.
- Las viejas estrategias minan nuestra energía y provienen de querer mantenernos a salvo.
- Utilizar nuestra voluntad y nuestra disciplina amorosa para hacer nuevas elecciones libera nuestra creatividad y capacidad.

Exploraciones

Haz una lista de tus puntos fuertes

Haz una lista de lo que consideras que son tus debilidades. A continuación, y al lado de cada una de ellas, di por qué también son un punto fuerte. Repasa tu vida y escribe cuáles fueron los acontecimientos que te aportaron una gran conciencia y te hicieron sentir que tenías un poder interior. Escribe todas las cosas de tu vida a las que hayas «sobrevivido» y te hayan hecho más fuerte.

LECCIÓN SIETE

Abre tu corazón

Buscar el amor te impide ser consciente de que ya lo tienes, de que el amor eres tú.

BYRON KATIE

Durante años comprendí los conceptos de amar más y de la aceptación incondicional. Conocí a la mujer que quería ser: más amorosa, más tolerante, más compasiva. Pero en la vida cotidiana me esforzaba por mantener abierto el corazón, sobre todo cuando me sentía asustada. En mi búsqueda para aliviar mi corazón advertí que existía una correlación directa entre mi corazón y mi juez: cuando mi voz crítica se imponía, mi corazón se cerraba. Aun siendo consciente de eso, mi juez interior continuaba atormentándome, y mi corazón seguía bajo sus corazas y protegido.

Tanto si resulta creíble como si no, fue una pintura antigua de un águila lo que me instó a entrar en relación con mi corazón de una manera distinta. Era 1996 y me encontraba con don Miguel Ruiz y un grupo de gente en las pirámides de Teotihuacán, en México. Estaba meditando en silencio delante de un mural de un águila cuando, de repente, tuve una visión y vi que el águila salía del muro, agarraba mi corazón con el pico y volaba hacia el sol. Yo estaba rezando para liberar los miedos que tenía a propósito de una relación, e intuí el mensaje que se me daba a partir de esta visión: tu corazón no te pertenece, ni a ti ni a nadie; es del universo. Deja que brille como el Sol. No dejes que tu corazón se apegue a determinadas cosas; deja que sea un reflejo del amor del universo, que emane luz pura.

Durante esa intensa experiencia me di cuenta de que mi corazón genuino no se podía romper, ni entregar, ni pertenecer a otro, que ni siquiera tenía preferencias. Mi corazón no era un órgano separado, sino un universo entero de estrellas y espacio que latía en mi pecho. Sentí y comprendí lo íntimamente conectada que estaba con todo, ¡y la fuerza con que lo amaba! El placer, el dolor, el sufrimiento, la alegría, el amante, el ladrón, la señora del quiosco, mi mejor amiga… todos ellos eran sagrados, amor puro en movimiento visto con los ojos de mi auténtico corazón.

Con el tiempo me percaté de que en mi experiencia con el águila en Teotihuacán fue un cambio fundamental que se había operado en mi vida. Había trasladado el centro de gravedad de mi cabeza a mi corazón. A pesar de que el juez de mi mente todavía lograba captar mi atención, ya no era él quien dirigía. Un tiempo después de haber vivido esta experiencia cometí un error, y una dulce voz en mi interior me dijo: «¡Bueno, pues vuelve a intentarlo!» Me estremecí de la sorpresa. Después de permitirle a mi juez interior que durante años me empujara a ser mejor, a intentarlo de nuevo y con más ahínco, a ser perfecta, esta amable aceptación de mí misma me resultaba desconocida.

Al principio sospeché, como si un antiguo enemigo mío de improviso me hubiera enviado bombones y flores. ¿Por qué estaba siendo amable conmigo misma si había cometido un error? ¿Regresaría el juez para castigarme más adelante en mi camino? ¿Y si mi juez tenía razón y ser dulce conmigo misma me volvía blanda y entonces cometía más errores o me convertía en una persona autocomplaciente?

Mientras seguía viendo cómo mi diálogo interior se iba transformando y pasaba del miedo (mente) al amor (corazón), vi que dejándome llevar por ese juez que tenía miedo perdía energía y me quedaba angustiada y al borde de sufrir un ataque de nervios, mientras que si me inspiraba y me dejaba guiar por el corazón que todo lo aceptaba, me sentía más feliz, confiada y flexible.

Las cosas cambiaron en realidad cuando empecé a relacionarme con mi mente desde el corazón. Esta es una lección importante para el corazón de una Diosa Guerrera: ten compasión y ámate con locura mientras deshaces los viejos nudos y miedos y cultivas la capacidad de tu corazón. Todos hemos vivido experiencias que nos catapultan hacia el amor: el nacimiento de un hijo, una experiencia espiritual inesperada, incluso ese vestido de color perfecto. Son apetencias del corazón que se adentran en el flujo del poder del corazón. Lo que queremos es tomar estas experiencias singulares y estabilizar nuestro corazón como nuestro centro de percepción. Para vivir de acuerdo con el corazón hay que recurrir a las herramientas de una guerrera: la paciencia, la perseverancia y el sentido del humor. O sea, prepara a tu compasiva diosa de la limpieza y la purificación sagradas para que trabaje mano a mano con tu centro guerrero y limpie las falsas creencias y todo aquello que se haya estancado en tu corazón.

PURIFICAR TU CORAZÓN

Tu corazón es el músculo más fuerte de tu cuerpo, y latirá 2.500.000 de veces a lo largo de tu vida. Desde el punto de vista de la energía, la capacidad que tiene el corazón de dar y recibir es inacabable. Sin embargo, para la mayoría el corazón suele ser una de las zonas más resguardadas. Tendemos a ponerle una coraza a nuestro corazón si no nos sentimos seguras, si tenemos un trauma físico, emocional o sexual y/o si no nos sentimos poderosas. Por eso, purificar tu receptáculo, deshacerte de antiguas historias y apelar a tus fuerzas es tan importante. Si no lo haces, tu corazón se sentirá frágil y vulnerable, y lo que percibimos como vulnerable, lo protegemos.

Protegemos nuestro corazón de muy diversas maneras: físicamente encorvamos la espalda y hundimos el pecho, emocionalmente bloqueamos nuestro acceso a los sentimientos por miedo a sentir dolor, y mentalmente creemos que podemos quebrarnos o destruirnos a menos que permanezcamos aisladas. Esta clase de protección nos da la sensación ilusoria de que controlamos y estamos a salvo.

Las barreras de cristal con que rodeamos nuestro corazón son la causa de que tengamos miedo de que nos destrocen. Pero el corazón es sabio y fuerte, más allá de toda medida, cuando le damos el espacio suficiente para que se desarrolle. Hay estudios científicos que demuestran que el corazón tiene una visión innata de sí mismo que no está conectada a la mente. En un libro que ha roto esquemas, *The HeartMath Solution*, Doc Childe y Howard Martin recurren a más de treinta años de experiencia científica para demostrar que el corazón no solo es un órgano que bombea sangre; es el auténtico centro intelectual de nuestro ser. El corazón tiene 40.000 neuronas, tantas como el cerebro, y cuando es el corazón quien guía, el cerebro está más centrado y tranquilo. Cuando activas conscientemente la inteligencia de tu corazón, tu creatividad e intuición se elevan y tu estrés y ansiedad disminuyen.

¿Cómo accedes entonces a la sabiduría de tu corazón? En su núcleo central, tu corazón es un gran maestro y amigo. Pero alrededor de este núcleo de verdad, hay una red nudosa de mentiras y miedos mentales. Cuando llevas la conciencia a la luz de tu auténtico corazón, puedes aportar luz a las historias mentales que lo encierran y abandonarlas.

Una de las creencias primarias que crea corazas en nuestro corazón y que llevamos a cuestas es que las personas pueden herirnos. Sí, es cierto que tu cuerpo físico puede resultar herido. Pero ¿tu cuerpo físico eres tú? Hay muchas personas que están lisiadas o tienen sufrimientos emocionales, pero su esencia es intocable. Si crees que solo eres tu cuerpo o tus emociones, temerás constantemente el dolor físico o emocional. Tu corazón acorazado se contraerá solo de pensar en la más remota posibilidad de sufrir un dolor físico o emocional, ¡aun cuando no esté ocurriendo! Y así es como nos pasamos la mayor parte de la vida, preocupándonos por la manera de evitar el dolor y asiéndonos a los placeres fugaces.

Cuando revivimos una y otra vez nuestros miedos físicos o emocionales, nos quedamos enganchados a la supervivencia. Eso es vital, pero para la mayoría de los seres humanos modernos es algo muy desequilibrado. Imagínate un venado que se asusta al oír un sonido. Con todos los sentidos en alerta, se queda paralizado, mira alrededor en busca del peligro o bien huye para ponerse a salvo. Si no existe una amenaza inmediata, en seguida vuelve a pastar en paz.

Cuando vinculamos nuestra supervivencia al hecho de si somos dignas de que nos amen o no, o si insistimos en un posible dolor físico, nuestro estado es de huida o lucha. Vivimos constantemente en estado de alerta por nuestra supervivencia intentando evitar el rechazo, el abandono o el sufrimiento potenciales. Nuestras falsas creencias mentales gobiernan nuestras vidas y nos dicen que somos frágiles o que algo malo sucederá. Cuando nos abrimos a la sabiduría de nuestro corazón, sabemos que siempre seremos sostenidas, amadas y apoyadas por el universo, aun cuando en este momento estemos luchando. La mente puede descansar en el corazón y ayudarnos a calmar nuestro sistema nervioso o encontrar soluciones creativas cuando nos sentimos amenazadas.

Otro gran embuste es la noción de que ahí fuera hay alguien que es «el único», el que te rescatará o te amará devotamente, o te hará sentir como un ser completo. Tomamos nuestro corazón ilimitado e infinito y le decimos: «Muy bien, solo existe una persona a quien amarás y que puede amarte de verdad. Espera a encontrar a esa persona, y todo saldrá bien.» Esta ilusión romántica prevalece en nuestra cultura, sobre todo entre las mujeres, aunque sin duda no se limita solo a ellas. Para algunas, esta necesidad de vivir una ilusión romántica es tan fuerte que a veces entramos en relaciones que de nada nos sirven. Dos formas habituales de hacerlo son buscar una pareja que sabemos que no nos llena o conservar relaciones que hace mucho tiempo que murieron. O bien podemos ir hacia el otro extremo, y culpar a esta ideología como la causante de impedirnos tener otro tipo de relación porque no hemos encontrado «al único», y por eso nos sentimos indefensas y abandonadas (mientras esperamos y esperamos en secreto, albergando grandes esperanzas).

Cuando vives de esta ilusión romántica, pospones tu vida esperando una fantasía. Porque si al final encuentras «al único» y no te has liberado de tus miedos y limitaciones, ¡vivirás tu relación (después de que la bendición inicial se haya empañado un poco) preocupándote por cómo vas a conservarla! Sin embargo, lo cierto es que en el camino de la Diosa Guerrera solo puedes fusionarte con otro cuando te conviertes en tu propio «uno» y liberas tu corazón de la creencia de que necesitas aceptación, amor o apoyo externo para ser completa.

Cuando aceptas esa verdad más grande que dice que nada puede herir tu auténtico yo, y que no necesitas nada ni a nadie para ser completa, sentirás el espíritu ilimitado, inmutable y unificado que eres. Elegirás el tipo de relación que quieres vivir sin basarte en el miedo ni en decisiones del estilo «Tendría que estar viviendo una relación», «Vale más que me case para que pueda tener hijos» o «Al menos es mejor que estar sola», sino más bien en un amor por ti misma que es incondicional y en el que sabrás intuitivamente lo que te conviene más en esta etapa de tu vida. Tu corazón no necesitará encerrarse en sí mismo, porque sabrás que no puede romperse.

Este viaje para abrir el corazón y salvar nuestros miedos requiere tiempo y perseverancia, porque has dedicado muchos años a formarte en sentido contrario. La próxima vez que sientas que tu corazón empieza a cerrarse o a asustarse, el medicamento que debes tomar es la compasión y el amor por ti misma. A continuación te daré un ejemplo de lo que esto representa para mí.

Un día iba con una amiga mía en su coche de camino a un taller. Estaba pasando por un mal momento. Cuando ella me preguntó qué me ocurría, me eché a llorar y le confesé que me sentía superada y asustada porque se avecinaban cambios en mi vida. Su reacción fue la siguiente: «Muy bien, Diosa Guerrera, sabes que siempre caes de pie. Es hora de dar el paso y predicar con el ejemplo.»

En el pasado mi juez habría dicho en boca de mi amiga: «¡Deja de quejarte y contrólate! ¿Qué te pasa?» Resultado: se te cierra el corazón, te tragas las emociones e intentas presionarte a ti misma para provocar el cambio.

También habría podido decir en boca de ella: «Nadie entiende por lo que estoy pasando. ¡Es demasiado y no puedo hacerlo!» Resultado: se te cierra el corazón y te sientes una víctima, una persona vencida.

Elegí tomar el camino de la Diosa Guerrera. Respiré hondo, cerré los ojos y abrí mi corazón. Desde este lugar de apertura me permití sentir mis emociones completamente y presencié lo que surgía de ellas. Me sentí sobrecogida. Sentí la cólera de mi juez y vi que perdía el control. Sentí el terror de mi víctima por no estar haciendo las cosas bien. Luego fui hacia mi interior y calmé la parte de mí que estaba asustada. «¡Hola, parte asustada! Te están pasando muchas cosas, pero todo saldrá bien. Estoy aquí, contigo. Todo saldrá bien.» Dejé de juzgarme a mí misma y elegí estar presente en el momento. El compadecerme de mí misma liberó mi ser, y entonces pude centrarme en lo que estaba trabajando y en los pasos que daría a continuación, todo ello desde el punto de vista del amor. Cuando volví a abrir los ojos, le dije a mi amiga: «¡Muy bien, estoy lista para partir!»

Ser una Diosa Guerrera no significa que no vayas a tener bajones emocionales, o que nunca tengas un día malo, o que puedas impedir que te rompan el corazón. Ser una Diosa Guerrera consiste en enamorarte de ti misma: de tu juez, de tu víctima y de tu sabia Diosa Guerrera. Eres digna de amor, y el corazón sana cuando dejas de buscar ese amor fuera y te abres al amor inmenso que tu corazón tiene destinado para ti.

AMAR A TU JUEZ Y TU VÍCTIMA INTERIORES

La relación más íntima que vas a tener de por vida será contigo misma. Pero si no amas todos los aspectos de tu persona, tu relación está desequilibrada. Cuando aparecen el juez interior o la víctima interior, el camino de la Diosa Guerrera te invita a amar también estas partes de ti misma. La compasión es la clave para poder hacerlo.

Recuerda que tanto el juez como la víctima son mecanismos de defensa que nacieron con la mejor de las intenciones: mantenerte a salvo. Pero el camino de la Diosa Guerrera nos muestra que tanto el juez como la víctima operan desde un punto de vista equivocado. Creen que tu corazón es frágil y que puede romperse.

El juez te susurra: «Si te niegas a que te diga lo que tienes que hacer, te van a herir. Me necesitas para que aleje a los demás, para que te diga lo que está bien y lo que está mal.»

Junto a tu juez interior está tu víctima interior, que te dice cosas como: «¡Eso no es justo! ¡Siempre me está pasando lo mismo!» La víctima es la parte de ti que vive agazapada en el miedo, esperando recibir el siguiente golpe, o bien quejándose o rezando para que llegue alguien que haga las cosas mejor.

Cuando mires con profundidad los papeles que cada una de esas partes internas desempeña, te darás cuenta de que cuanto más fuerte sea el juez, más fuerte será tu víctima. Son dos caras de la misma moneda, un ping-pong que se establece entre dos extremos.

El camino de la Diosa Guerrera nos llama a ser conscientes cuando se pronuncian las voces del juez interior o la víctima interior, a darles el reconocimiento que merecen y a liberarnos de ellas con compasión.

EJERCICIO: FÍJATE EN LOS MENSAJES DEL JUEZ Y DE LA VÍCTIMA

Piensa en los últimos meses de tu vida y en las situaciones que han surgido. Identifica un máximo de tres ejemplos en los que tu juez se hizo cargo de la situación y tres, como máximo, en los que tu víctima tomara el mando. Para la mayoría, estas áreas se repiten a lo largo de nuestras vidas (en nuestras relaciones, nuestra profesión, la familia, el cuerpo, etcétera). En otras palabras, nos juzgamos a nosotras mismas o nos consideramos víctimas en situaciones similares. Si las escribes en un diario podrás reconocerlas tal como son la próxima vez que surjan, y lo harás de una manera consciente para liberarte de ellas. Esto significa que tienes que amar estas voces como si formaran parte de ti misma, pero eligiendo que ya no te crees los mensajes que te están contando.

Aquí tienes una lista a modo de muestra (no pienses, ¡solo escribe!):

Juez: 1. Mi juez me dijo que actuaba mal por no haberme mostrado más amorosa cuando me enfadé y me peleé con una amiga la semana pasada. 2. Mi juez me criticó cuando dejé caer mi vaso favorito y me dijo que era una patosa y no merecía tener cosas bonitas. 3. Mi juez se enfadó conmigo cuando, al no poder tomar una decisión, me comparé con mi hermano y lo claras que demuestra tener las cosas: ¿por qué no eres una persona tan centrada y calmada como Robert?

Víctima: 1. Mi víctima se sintió superada y derrotada el día que no conseguí un trabajo, y sentí lástima de mí misma por todas las veces en que no me eligieron para otros puestos. 2. Mi víctima echó la culpa de mis problemas a la creencia de que mi hermana recibió más apoyo y amor de mis padres, y por eso sigo manteniendo relaciones enfermizas. 3. Mi víctima me dijo que me comiera otro trozo de pastel porque me lo merezco por todas las dificultades que estoy pasando en la vida.

Cuando hacemos una lista de lo que dicen exactamente el juez o la víctima, podemos entrar en nuestro corazón y volver a revivir cada situación desde esta inteligencia en lugar de hacerlo a través de las historias que nos cuenta nuestra mente. ¿Cómo reescribirías cada una de estas afirmaciones de víctima y juez? Si quieres, practica con la lista juez-víctima anterior y luego créate tu propia lista para reescribirla desde el corazón. Con la práctica, esta nueva manera de ver las cosas en el mundo centrada en el corazón se convertirá en tu realidad.

Hemos aprendido que lo contrario al juicio es el discernimiento. Cuando discernimos, accedemos a la sabiduría clara de nuestra mente y de nuestro corazón trabajando en equipo. Fíjate, en cambio, en lo rápidamente que se cierra tu corazón cuando el juez aparece en cualquiera de sus formas. Así es como hablarás si estás juzgando en lugar de discerniendo: tu corazón se contraerá. Pronunciar abiertamente «No me gusta su comportamiento» o «No ha sido uno de tus mejores momentos, cariño; volvamos a intentarlo», es muy distinto a decir «Es un mal nacido» o «Has metido la pata. Otra vez. Lo sabía… No puedes hacer nada bien.»

Cuando el corazón habla con discernimiento hay compasión, que a veces puede ser suave y dulce, y en otras ocasiones puede ser forzada, directa, una llamada instantánea a la verdad. La compasión no es un lugar pasivo de no acción, sino un poderoso y apasionado abrazo de la vida que surge del corazón. Para soltar los amarres que atan la sabiduría de nuestro corazón y realizar la transición que resulta de pasar de un lugar cerrado que nos juzga a otro lugar abierto, presente y compasivo, se requiere práctica. Si eres consciente del lugar en el que estás cuando utilizas tu juez interior y exteriormente, aprenderás a emprender una nueva acción.

LA PRÁCTICA DE LA *METTA* (AMOR-AMABILIDAD)

Hay una bella y antigua meditación budista que se llama *metta* o amor-amabilidad. Es una gran práctica para el corazón de la Diosa Guerrera que ejercerá una influencia enorme en tu corazón. El objetivo de practicar la *metta* es ayudarte a reprogramarte para que puedas abrir tu corazón en lugar de cerrarlo.

La práctica de la *metta* incluye cuatro pasos. Primero empiezas enviándote amor-amabilidad. Luego envías amor y amabilidad a un miembro de tu familia o a un amigo querido. A continuación envías amor-amabilidad a un conocido, a alguien que te resulte indiferente. El paso final es enviar amor-amabilidad a alguien que no te gusta o hacia quien albergas resentimiento.

Enviar amor-amabilidad es como enviar una bendición a otra persona, o enviarle intenciones positivas, o una plegaria para que esa persona experimente solo el amor y la abundancia en la vida. Como puedes imaginar, es mucho más fácil hacerlo cuando el destinatario es un amigo querido o un miembro de la familia que alguien que te desagrada.

Debemos entonces plantearnos la pregunta de por qué vas a sentir amor por alguien con quien no estás de acuerdo, o por alguien que te hizo daño o te traicionó. O por alguien que ha cometido actos atroces. La razón es que toda energía que envías pasa a través de tu ser físico, emocional, mental y espiritual en primer lugar. Es decir, que cuando envías juicios, te estás nutriendo con juicios. Cuando envías odio, en realidad estás bañando todas tus células en odio antes de que este sentimiento se vaya a otra parte. El único resultado que conseguirás es odio hacia ti misma y enraizar profundamente tus juicios. Pero cuando en cambio envías amor, tú también experimentas ese amor.

Por ejemplo, después de haber realizado los tres primeros pasos de la *metta*, elegí un personaje político que me desagradaba mucho para realizar el cuarto paso. Puse un retrato de esa persona en mi habitación y practiqué la *metta* cada vez que veía la foto. Como mi deseo por abrir mi corazón era más fuerte que mi deseo por estancarme en la culpa y la separación hacia otro ser humano, al final pude enviar a esta persona amor y amabilidad.

Ahora, cuando veo una foto de esta persona en particular, mi corazón se abre. Sigo sin estar de acuerdo con él, pero ya no me reservo el amor para mí sola sin quererle a él.

Para muchas mujeres es más fácil empezar esta *metta* práctica con alguien a quien se ama, seguir con alguien que inspira indiferencia y luego llevar ese amor y esa amabilidad hacia una misma. Eso es así porque a menudo la mujer ha ocultado en lo más profundo el odio que siente hacia sí misma. Practicar el amor y la amabilidad con alguien que abra tu corazón primero y luego con alguien por quien sientas indiferencia sienta las bases para que te des ese mismo amor y esa amabilidad a ti misma y borres suavemente, capa tras capa, el rechazo o el odio que te inspiras.

EJERCICIO: LA PRÁCTICA DE *METTA* QUE APELA AL CORAZÓN

Empieza enviando amor y amabilidad a una amiga querida, a un miembro de tu familia o a un animal doméstico (alguien por quien sientas un amor genuino y gratitud). Deja que se forme la energía y siente que se desplaza y regresa a ti. Ancla esta sensación en tu cuerpo.

Envío amor y amabilidad a _____. Mi deseo es que él / ella experimente solo el amor y la felicidad en su vida.

A continuación personifica esta misma sensación de amor-amabilidad hacia alguien por quien sientas indiferencia o hacia un conocido. Practica cultivar la misma cantidad de amor-amabilidad que sentiste en tu primer ejercicio.

Envío amor-amabilidad a _____. Mi deseo es que él / ella sienta solo amor y felicidad en su vida.

A continuación aplícate este mismo deseo. Tómate tu tiempo, contempla todas las cosas que quieres en la vida y observa que se hacen realidad.

Me envío amor-amabilidad a mí misma. Mi deseo es sentir solamente amor y felicidad en mi vida.

La siguiente capa es personificar ese amor y amabilidad en alguien que te disgusta. Empieza con una persona que no te caiga del todo bien.

Envío amor-amabilidad a _____. Mi deseo es que él / ella viva solo amor y felicidad en su vida.

Solo cuando eres capaz de enviar de manera consistente amor y amabilidad hacia esa persona deberías dirigirlo hacia esa otra a quien juzgas de una manera más activa. Al final lograrás esforzarte en enviar amor y amabilidad hacia personas que sientes que odias o juzgas con dureza. Quizá tengas que lidiar con resistencias, miedos y sensaciones desagradables pero… ¡tú sigue respirando!

La práctica del amor y la amabilidad refuerza la idea de que no es nuestro odio ni nuestro juicio lo que aporta un cambio positivo al mundo: es nuestra presencia y nuestra capacidad de amar incondicionalmente la que lo consigue. Elegir ser compasiva con alguien no significa que estés de acuerdo con sus actos. Significa que tu corazón genuino honra a su corazón genuino.

Otro beneficio de la *metta* es que empezarás a desligarte de los lugares en los que te sentiste juzgada y víctima de los demás o de aquellos en los que fuiste tú quien juzgó. Mientras practiques y aportes la simple presencia amorosa de tu corazón, la separación empezará a disolverse y la conciencia compasiva ocupará el lugar de las voces del juicio y la victimización.

Una nota importante para todas aquellas que tengáis tendencia a complacer a los demás: actuar desde el corazón no significa que tengáis que cuidar de todos los que os rodean. Cuidar de los demás en realidad es una costumbre irrespetuosa basada en nuestra mala disposición a aceptar la incomodidad y en la arrogancia de pensar que sabemos lo que les conviene a los otros. La meditación de amor y amabilidad es un acto sanador de la Diosa Guerrera con el que se honra a todos por lo que son en lugar de intentar cambiarlos.

Haz esta práctica una y otra vez, empezando por alguien a quien amas, luego continúa con alguien que te inspire sentimientos neutros, vuélcate hacia ti misma a continuación y finalmente hacia alguien que te desagrade. Si te quedas bloqueada, da un paso atrás y rescata el sentimiento de amor-amabilidad en tu corazón. Estás reprogramándote desde dentro, y eso implica realizar la práctica de amor-amabilidad a través de este ejercicio o de alguna otra cosa parecida, no solo pensar en ello como si fuera un concepto.

Abrir tu corazón implica romper viejos hábitos que surgen del miedo y las fantasías y transformarlos en nuevas prácticas radicales para honrarse a una misma, amarse y ser amable. Actúa enviándote repetidas veces este amor y esta amabilidad a ti misma para que con cada respiración tu corazón bombee compasión, aceptación y amor por ti a través de cada molécula de tu ser.

LECCIÓN SIETE: RECURSOS

Dones

- Abrir tu corazón empieza en primer lugar por tener compasión y respeto por ti misma.
- Tu corazón no es un pájaro delicado y frágil, sino un halcón resistente y poderoso que está aprendiendo a volar.
- El amor incondicional no significa que siempre estés feliz o perfecta. Significa que aceptas de mil amores tus errores, defectos y miedos.
- Aprender a enviar amor y amabilidad a todos, con independencia de sus actos, libera tu espíritu para que salga a flote.

Exploraciones

La práctica de abrir el corazón

Pasa un rato masajeándote los pechos y sintiendo que son la extensión de tu corazón. Siente los músculos de estos y toca tus corazas para sanarlas. Masajéate los brazos y las manos e imagina que abres estas últimas para que se vierta más energía en todo lo que tocas. Masajea con amor todos los viejos acuerdos que mantienen cerrado tu chakra corazón. A veces el tacto puede ayudarnos a desbloquear los acuerdos ocultos. Quizá quieras decir en voz alta lo que estás liberando. Luego masajéate con suavidad y recibe la sanación y la viveza.

Practica con conciencia, de pie, sacando pecho, con el corazón abierto, mientras interactúas con el mundo. Fíjate en los momentos en que quieres contraerte o agazaparte. Advierte cómo cambia tu ser energético cuando hundes el pecho en lugar de cuando lo abres con conciencia.

¿Qué es lo que alimenta a tu corazón?

Cuando vayas a tomar una decisión, pregúntate si eso nutre tu corazón. ¿Qué cambio tengo que hacer para que mi corazón se sienta saciado? Prescinde de las historias que te dicen lo que quieres oír y escucha a tu corazón, ¡no a tu mente! Necesitarás estar en silencio y escuchar de un modo distinto. Quizá todavía sigas teniendo miedo y debas afrontar decisiones difíciles, pero la voz de tu corazón sonará con dulzura.

LECCIÓN OCHO

Di tu verdad

¿De verdad quieres mirar atrás cuando hagas un repaso de tu vida y ver lo maravillosa que podría haber sido si no hubieras tenido miedo de vivirla?

CAROLYN MYSS

Linda es una psiquiatra reconocida, una atleta, una madre y una Diosa Guerrera todoterreno. Hacía años que la conocía y llevaba unos seis meses siendo su coach cuando descubrí algo que pocas personas conocían de ella: en muchas de sus relaciones personales, le aterrorizaba decir la verdad, utilizar la voz para expresar emoción exteriormente. A pesar de que Linda pasaba varias horas al día usando su voz compartiendo reflexiones e información con sus pacientes en terapia, no lograba comunicar a los demás cómo se sentía ella en realidad a propósito de las situaciones que la perturbaban, y prefería mantenerse en silencio para no molestar. Le receté un ejercicio para ayudarla a romper este patrón. Le pedí que pusiera la música muy alta, bailara por toda la casa y se permitiera expresarse vocalmente del modo que quisiera. Al oír esta sugerencia, se quedó paralizada y afirmó con voz queda: «¡Yo no puedo hacer eso!»

«¿Qué puedes hacer entonces?», le pregunté. Linda empezó por cantar la letra de una canción mientras estaba en el coche. Me dijo que incluso expresarse de la manera más simple hacía que le entraran temblores por todo el cuerpo. Poco a poco se entrenó y fue abandonando su enorme malestar hasta que pudo cantar una canción entera. Luego la animé a que empezara a hablar consigo misma mientras estaba en casa. Al final consiguió expresar verbalmente sus emociones. Me dijo que era una de las cosas más difíciles que había hecho jamás, y que requería mucho valor seguir rompiendo viejos patrones que había aprendido de pequeña sobre el hecho de estar en silencio.

Es sorprendente ver cuántas mujeres de éxito, y además francas, tienen tantos reparos en hablar con sinceridad en las situaciones que más les importan. Utilizamos la voz continuamente, pero la mayoría nunca hemos aprendido a recurrir a nuestras propias palabras para comunicarnos o defendernos en circunstancias adversas o complicadas.

A la mayoría no nos enseñan técnicas de comunicación; criticar, emitir juicios y mostrarnos a la defensiva es lo que prevalece más cuando nos hacemos mayores. Y además cuando somos niñas, por lo general se supone que debemos mostrarnos como unas damas y ser dulces, sobre todo de pequeñas, y a veces incluso cuando ya no lo somos tanto.

Repite estas frases para tus adentros: «No hables si no te hablan primero.» «Déjate ver, pero no oír.» «No digas nada que moleste a los demás.» Fíjate en cómo te sientes por dentro cuando pronuncias mentalmente estas palabras. Para la mayoría, las lecciones aprendidas en la infancia nos enseñan a acallar nuestra voz auténtica y sincera. A menudo, cuando ya somos adultas, no tenemos ni idea de cómo nos sentimos o pensamos en realidad, ¡por no mencionar cómo trasladamos esta información con claridad a los demás!

La auténtica comunicación no contiene oraciones que provienen de la mente como «Tengo que ser amable para no herir los sentimientos de los demás». Observa con mayor profundidad esta clase de pensamientos excesivamente pendientes de sí mismos. ¿Por qué tienes que ser amable para no herir los sentimientos de los demás? Cuando respondas con honestidad, descubrirás probablemente que eso ocurre porque te sientes incómoda frente al dolor, la decepción o la rabia de los otros. Estás siendo amable no porque eso se alinee con tu verdad más profunda, sino como un modo de evitar las reacciones de los demás.

Cuanto más auténtica te muestres siendo y expresando quién eres en realidad, tanto más amor, presencia y amabilidad surgirán espontáneamente de tu interior. No tienes que intentar mostrarte amable con los demás; serás amable porque eso forma parte de tu naturaleza. No se trata de ser de una manera u otra. Se trata de estar dispuesta a ser honesta, que es una amabilidad hacia ti misma que luego se verterá en los demás.

Sigue explorando lo que quieres comunicar específicamente y el porqué. Cuando abandones las viejas normas que dictan quién tienes que ser, que suelen ir precedidas por las palabras *debería*, *tengo que* o *debo*, creas el espacio suficiente para dejar de intentar mostrarte como la mejor expresión de ti misma y ser, en cambio, la mejor expresión de ti misma.

Cuando empieces a hablar con sinceridad, tendrás una sensación extraña, desagradable y terrible. ¡No te parecerá que estés ahorrando energía, sino que la estés perdiendo! Esta es la resistencia inicial de tu sistema de creencias. No esperes sentirte fantástica cuando hables alto y claro por primera vez. Date tiempo para limpiar las emociones y las creencias que surgen y para darles vueltas. Observa sin emitir juicios: ¿pude ser capaz de mantener abierto mi corazón? ¿Cómo me siento conmigo misma ahora? ¿He dicho exactamente lo que quería?

Cuando no hablas con sinceridad y te lo quedas dentro, o cuando apaciguas a los demás, a menudo terminas generando un resentimiento contra el otro y contra ti mismo. Te enfureces contigo misma por no decir lo que estás pensando, o con los demás por no entender cómo te sientes en realidad (¡olvidando que nunca les dijiste a ellos cómo te sentías tú!). En las organizaciones y los sistemas familiares, esto crea desconfianza, genera críticas y miedo, y desencadena lo que en general suele denominarse «dramas». Cuando se generan estos resentimientos hacia los demás, a veces explotamos con un vendaval de emociones y juicios de manera inconsciente o para castigar a otros. En ese momento no estás hablando desde el amor, sino más bien desde tus heridas y tu dolor, a menudo sin darte cuenta de cuál es tu papel en la situación, que para empezar era que no comunicaste cómo te sentías en realidad. Las relaciones íntimas se vuelven superficiales e insatisfactorias, y la confianza en ti misma disminuye cada vez que no dices lo que quieres decir en realidad.

Para hablar desde tu integridad, necesitas identificar y despojarte de las viejas creencias sobre la comunicación que aprendiste al crecer o recogiste de tu cultura y las hiciste tuyas. He hecho una lista de las creencias sociales más comunes. Concédete unos momentos para reflexionar y decidir si son ciertas o falsas para ti.

AL CRECER ME ENSEÑARON O ME HICIERON CREER QUE:	VERDADERO	FALSO
Los niños y/o las niñas debían hacer caso del «déjate ver pero no oír».		
Miente a la persona si crees que la verdad le hará daño.		
Las mujeres que «dicen lo que piensan» son unas mandonas.		
Las mujeres deberían apoyar las preferencias de sus parejas.		
Las mujeres deberían anteponer las necesidades de los demás a las suyas propias.		
Las mujeres deberían ser recatadas y silenciosas.		
A las niñas no deberían gustarles las cosas ruidosas.		
Es mejor no decir nada que molestar a los demás.		

Quizá necesites empezar dando pequeños pasos en el tema de decir la verdad. Empieza con cosas como pedirle la hora a la gente con el corazón abierto. O elige un día y di no a cualquier cosa que te pidan. (Aunque te aconsejo que no lo hagas en el trabajo… ¡a menos que sea este el mejor lugar para practicar!) Debes decirte la verdad a ti misma. ¿Estás asustada, ilusionada, nerviosa? ¿Te gusta esa persona? ¿Quieres comida mexicana o italiana? Quizá tengas que profundizar para descubrir cuáles son tus preferencias si has permanecido en silencio y has dejado que los demás tomen las decisiones por ti. Descubre dónde te asusta marcar los límites y experimenta. Sé atrevida y practica, practica y practica una vez más sin cerrarte.

Al mismo tiempo recuerda que tienes que ser amable contigo misma. Aprender a decir la verdad es una actividad que dura toda la vida. Yo todavía trabajo para ser auténtica en mi comunicación. Mis dos estrategias principales son la de complacer a los demás y la de controladora, por eso me pregunto conscientemente a mí misma: ¿he dicho lo que quería decir en realidad? ¿Estaba diciendo eso para intentar obtener un resultado específico?

No creo que lleguemos jamás a dominar el arte de aprender a comunicarnos con eficacia. Pero sí que nos dotemos con más herramientas para observarnos a nosotras mismas y hacer nuevas elecciones.

La manera más rápida de crear malestar y resentimiento en tu vida es decir sí cuando quieres decir no. Si alguien te pide que hagas algo, y dices sí porque te sientes obligada, o porque no quieres herir los sentimientos de la otra persona, no estás hablando con sinceridad en esa situación. Actuar desde tu yo de Diosa Guerrera auténtico y genuino significa que puedes decir no desde el amor en lugar de decir sí desde el miedo.

Una nota de advertencia: hablar con sinceridad no significa decir siempre todo lo que piensas. Como sucede con los pasos previos en el camino, ser una Diosa Guerrera exige discernimiento. Hemos de tener cuidado en no utilizar la práctica de decir la verdad como una excusa para ser cruel o herir a los demás. Por decirlo en pocas palabras, el espíritu de esta práctica implica que estás dispuesta a hurgar más en tu propia verdad y tu propia guía interior, y que estás dispuesta a decir esta verdad incluso en situaciones en las que tu interlocutor puede sentirse incómodo ante lo que tienes que decir.

Para descubrir y mantener este equilibrio, tenemos que evaluar y deshacer todos los antiguos acuerdos que hayamos integrado acerca de la comunicación verbal. Recuerda que tu objetivo es sentirte abierta de corazón, experimentar la comunicación fluida y la expresión vibrante utilizando tu conocimiento interno como guía. Martha Beck, coach y escritora dice: «No importa lo difícil y doloroso que pueda ser, nada le sienta mejor al alma que la verdad.»

SER LA DUEÑA DE TUS PROPIAS PALABRAS

Uno de mis libros preferidos sobre la comunicación es *Mensajes: el libro de las técnicas de comunicación*, de Matthew McKay, Martha Davis y Patrick Fanning. Es una guía sensacional para limpiar lo que los autores llaman mensajes «contaminados» o «parciales».

Un mensaje contaminado es cuando tu energía no concuerda con tus palabras. «Ya veo que vuelves a llegar tarde», puede decirse limpiamente, como una observación. O las mismas palabras pueden ser un vehículo para el sarcasmo, la amargura, la culpa o la rabia. «Ya veo que vuelves a llegar tarde» dicho con el cuerpo tenso y un tono de enfado es un mensaje contaminado porque depositas tu energía iracunda y dolida en una simple constatación de hechos. Cuando aprendes a ser clara con las palabras, es vital que te muestres clara con la energía que depositas en ello. La práctica de decir la verdad no se ocupa solo de las palabras que se utilizan, sino que también conlleva la responsabilidad de que el discurso quede libre de mensajes contaminados o palabras cargadas de sentimientos negativos.

Un mensaje parcial no traslada el espectro completo de la comunicación profunda. McKay nos invita a compartir mensajes completos cuando estamos en una conversación íntima. Los mensajes completos incluyen nuestra observación de la situación (los hechos), nuestros pensamientos (que pueden ser verdaderos o falsos), nuestros sentimientos (nuestra experiencia emocional) y nuestras necesidades (¿qué queremos?). Separar estos cuatro aspectos distintos de la comunicación es aprender dónde retenemos o distorsionamos nuestra voz.

Un hecho es una verdad que puede observarse, mesurarse y perjurarse bajo palabra de honor. Cuando al principio empecé por nombrar los hechos de una situación en primer lugar, ¡descubrí que era un desafío sorprendente! Tendemos a conducirnos con afirmaciones como «Tú siempre…» o «Tú nunca…» cuando estamos molestos. Establecer los hechos de la situación nos invita a ir más despacio, dar un paso atrás y ver lo que ocurre en realidad. Existe una diferencia entre «¡Siempre llegas tarde!» y «Las dos últimas veces que nos hemos visto has llegado media hora tarde y no me has llamado». La observación es solo eso: neutral, sin historias o emociones. Quizá tardemos un poco en recopilar los hechos, sobre todo cuando nos han trastornado mucho los actos de otra persona.

Nuestros pensamientos son las palabras que nos dan vueltas por la cabeza a propósito de una determinada situación. Nuestros pensamientos no son necesariamente verdaderos; son lo que estamos pensando en ese momento. Tampoco son nuestras emociones, o sea que será preciso mantener separadas nuestras emociones de nuestros pensamientos. «No sé si tuviste miedo, pero yo me sentí dolida y abandonada por tus actos» es mucho más claro que «Has querido hacerme daño, y tu infancia desastrosa me está amargando la vida». Acabamos teniendo una mayor conexión con nuestros pensamientos cuando nuestra comunicación es clara.

Y también terminamos siendo más honestos y conectando mejor con las que son nuestras reacciones emocionales. La tercera parte de una comunicación clara es compartir nuestros sentimientos. Como a menudo compartimos nuestras historias y no nuestros sentimientos vulnerables, a veces eso puede asustarnos. No dejes de preguntarte: «¿Cómo me ha hecho sentir esa situación?» Evita decir a los demás que te han hecho sentir de una manera determinada. Ellos no te han hecho sentir; en realidad nadie puede hacerte sentir nada porque nadie está dentro de ti creando la reacción emocional salvo tú misma. Cambia «Me has hecho sentir» y di «Me he sentido». Sé consciente de lo fácil que es culpar a los demás de tu estado mental: «He sentido que me habías abandonado» en realidad no es preciso, porque estás dando a la otra persona un poder sobre tus emociones, que solo tú ejerces. Saca al otro cuando afirmes tus sentimientos, porque estos tratan de ti. Así, di: «Me he sentido X» en lugar de «He sentido que me habías hecho X». «Me he sentido traicionada y trastornada» te devuelve el poder, y comunica a la otra persona lo que ha ocurrido dentro de ti.

La cuarta parte de la comunicación clara, afirmar tus necesidades, ¡a veces te cogerá completamente desprevenida! Cuando aprendí a comunicarme con mayor claridad, me sorprendió descubrir que contaba con los hechos, podía dar nombre a los pensamientos y sentir mis sentimientos, pero no tenía ni idea de lo que quería. Me dio muchísima fuerza poder nombrar la necesidad. «Me gustaría que recogieras la ropa del suelo y la pusieras en el cesto de la ropa sucia.» «Por favor, llámame si vas a tardar más de diez minutos.» «Necesito más estructura: ¿podemos marcarnos un tiempo para crear un borrador del proyecto?»

Nota importante: solo porque compartas una necesidad ¡eso no significa que la persona con quien estés hablando pueda satisfacerla, ni siquiera que deba satisfacerla! Lo más importante es que tienes que ser clara con cuál es tu necesidad, y luego explorar cómo satisfacer esa necesidad de maneras creativas contigo misma o con los demás. Sé clara con lo que quieres, y descubre si puedes hablar de eso y establecer acuerdos conscientes.

Lo que he descubierto siendo más consciente en la comunicación es la importancia que tiene aportar humor y claridad y prestar oído a todas las conversaciones.

DECIR TU VERDAD

Me gustaría compartir contigo el siguiente ejemplo de decir tu verdad que me sucedió con una mujer a quien yo le hacía de coach. Wendy tenía relaciones con su novia Sue desde hacía muchos años. En general, su relación era sana, pero Wendy se dio cuenta de que en determinadas situaciones de estrés tenía miedo de decir la verdad y lo que hacía era cerrarse en banda. Eso le sucedía en las situaciones en las que Sue alzaba la voz.

Una vez se hubo situado en el camino de la Diosa Guerrera, Wendy emprendió las acciones siguientes. Primero esperó a hablar del tema hasta que el espacio fuera favorable para ambas. Cuando las dos personas están enfadadas y molestas de nada sirve hablar porque no hay nadie que escuche. Por eso su primera acción fue esperar a que las emociones se disiparan. Al día siguiente, se sentó con Sue y dijo: «Cariño, la otra noche, cuando estábamos hablando de nuestra economía levantaste la voz, y a mí me da miedo cuando levantas la voz. Cuando lo haces, mi razón se bloquea y me retiro porque tengo miedo de que me hagas daño. Sé que nunca me harías daño, pero mi cuerpo sigue reaccionando así. Querría pedirte que si estás enfadada conmigo, salgamos unos días para despejarnos y luego hablamos. De ese modo seré capaz de estar más presente contigo y escuchar en serio lo que me estás diciendo.»

Su siguiente acción fue escuchar de verdad la reacción de Sue. Escuchar más allá de las palabras de la otra persona y plantear preguntas clarificadoras crea más intimidad. Escuchar es el poder gemelo del hablar. En este caso, Sue vio que alzar la voz era su propio mecanismo de defensa basado en viejos acuerdos y que estaba desencadenando efectos indeseados en su relación con Wendy. Consecuentemente, se comprometió a trabajar en mantener la calma. Hasta ahora, esta comunicación consciente y abierta ha ido de maravilla en su relación.

Digamos, ahora, que estás en una situación parecida y tu compañero dice «Vale, dejaré de levantar la voz», pero sigue gritando cuando se enfada. Si sucede eso, es fácil caer en la tentación de sentirse traicionada o enfadada y encerrarse en una misma o empezar a gritar. Sin embargo, el camino de la Diosa Guerrera te invita a no morder el anzuelo y, por consiguiente, en evitar caer en tu propia reacción inconsciente, sino más bien en escribirte una nota a ti misma que diga: «Vale, sigue levantando la voz.»

Y a continuación eliges lo que vas a hacer. Puedes retirarte conscientemente recordando que tu pareja también está intentando romper un viejo patrón de comportamiento y retomar la conversación cuando las cosas se hayan calmado.

Otra opción es dar a tu pareja un poco de espacio para que recapacite y decida aportar conciencia a la conversación con sentido del humor. Quizá le diviertas advirtiéndole: «¡Oye, recuerda que nada de gritos! ¡Demos una vuelta por la casa los dos juntos y luego hablemos!» Puedes crear un juego entre los dos y establecer acuerdos divertidos, como por ejemplo, si la conversación se enciende, los dos tendréis que saltar a la comba durante tres minutos antes de hablar. O la persona que está enfadada se tendrá que poner un sombrero raro. A veces las tonterías son el antídoto para llevar la comunicación al momento presente. Romper el patrón haciendo algo distinto puede obrar maravillas.

Lo único que quiero dejar claro en este ejemplo es que juzgar a alguien por no haber seguido el acuerdo es desperdiciar tu energía preciosa. Cuando alguien rompe un acuerdo, entrar en culpabilidades, juicios y traiciones no ayuda. En cambio, volver a dejar claro lo que necesitas y cómo puedes satisfacer esa necesidad es vital.

«La próxima vez que grites, saldré de la habitación y esperaré a que te hayas calmado. Necesito espacio para sentirme enraizada, y no puedo hacerlo cuando me siento atacada.» ¿Puedes decir eso con la claridad de una guerrera y el corazón abierto de una diosa? Si tienes el corazón cerrado, estás juzgando a la otra persona o a ti misma. Intenta hablar desde un lugar abierto. Aquí es donde tiene lugar el cambio. Al principio te parecerá que eso empeora el problema. Pero si dejas claros tus límites y sigues, el cambio se producirá.

LA CONEXIÓN CON EL DOLOR DE GARGANTA

Es vital hablar desde el corazón cuando se aprende a decir la verdad. Si no queremos decir lo que estamos diciendo en realidad, poco importará que utilicemos bellas palabras; las personas con quienes estamos hablando sentirán la falta de sinceridad que hay tras nuestro discurso. Te dará mucho poder dedicarte a decir tu verdad con el corazón abierto, aunque esa verdad sea difícil, en lugar de intentar ser amable o pertinente y hablar con el corazón cerrado.

Una manera de cerrar nuestro corazón y nuestra garganta es creer que estamos haciendo algo mal. Por eso mirar en lo más profundo de nuestras creencias inconscientes es crucial. ¿Es correcto para ti decir que no? ¿Es correcto para ti establecer unos límites? ¿Es correcto para ti decir cosas que los demás quizá no quieran oír? ¿Puedes hablar sin hacerte responsable de las reacciones de los demás? ¿Y puedes hacer todas esas cosas con el corazón abierto de par en par? Todo esto requiere su práctica. A menudo no se tiene el apoyo suficiente para decir la verdad, pero es una técnica que podemos aprender a hacer con elegancia.

Si no consigues decir tu verdad, tu energía interna irá aumentando y al final explotará en un estallido emocional, o bien tu flujo energético se cortará y te sentirás como si tu acceso a la energía de la pura fuerza de la vida se hubiera secado y te hubiera dejado letárgica y sin pasión, diciendo con timidez lo que crees que los demás desean oír y necesitando a los demás como fuente de energía y dirección. Cuando niegas tu propia voz, eso alimenta tus voces de juez y víctima en lugar de tu autenticidad, y el resultado es que sientes rabia contra ti misma o contra los demás.

ENCONTRAR TU AUTÉNTICA VOZ

Dos herramientas muy útiles cuando se trabaja para encontrar tu voz auténtica es cambiar de opinión y repetir.

Cambiar de opinión

Al cambiar de opinión, vuelves a revivir conscientemente conversaciones del pasado en las que no dijiste la verdad, pero en esta ocasión, te imaginas diciéndola. Probablemente se te ocurren muchas situaciones en las que te das cuenta de que no dijiste la verdad. ¿Qué habría pasado si la hubieras dicho?

Te ofrezco un ejemplo. Un amigo te pregunta: «¿Quieres acompañarme al cine mañana por la noche?» Y automáticamente tú le respondes que sí. Pero tras concluir la llamada lo piensas mejor y decides que, en realidad, quieres quedarte en casa y leer un libro. Entonces, en lugar de acompañarlo al cine le llamas y le dices: «Después de que me llamaras lo pensé mejor y decidí que mañana por la noche no me apetece ir al cine. Necesito descansar. ¿Te parece bien que vayamos al cine la semana entrante?» No es preciso que des explicaciones ni que exageres disculpándote. Simplemente expresa tus necesidades. Evita que parezca que estás a la defensiva.

Lo bueno de abrazar esta práctica es que después de cambiar de opinión unas cuantas veces rápidamente aprendemos a hablar con honestidad en todo momento.

Repetir

Revive la situación usando tu voz auténtica. ¿De qué otra manera lo habrías dicho, y cómo habría cambiado potencialmente el resultado?

Una vez tuve una relación con un hombre que se sentía amenazado por el modo en que yo vestía y me mostraba al mundo. Tuvimos largas y lacrimosas charlas para que yo dejara de ser abiertamente sexual. Su postura era que deseaba una relación estable y monógama. En esa época yo empezaba a explorar mi sexualidad, y si hubiera sido honesta conmigo misma y con él, le habría dicho: «Cariño, me importas mucho y quiero que nuestra relación continúe, pero ahora mismo necesito coquetear y explorar qué tal se me da lo de ser sexy.» Él podría haberme contestado: «Vale, puedo aceptarlo siempre y cuando mantengamos nuestro compromiso», y podríamos haber negociado, o él podría haber dicho: «No puedo hacerlo.» En cambio, vivimos tres años tumultuosos inmersos en una relación en la que yo reprimía mi energía sexual (¡ya puedes imaginarte lo que eso influyó en mi vida sexual!) y él se sentía aislado.

Nuestras necesidades nos situaban en lugares distintos, pero ambos ignorábamos la verdad. En retrospectiva, veo que me habría dado mucha fuerza decir la verdad sin avergonzarme de ello o sin aferrarme a seguir en una relación con él del modo que él quería.

Es un regalo para ti y para los demás hablar con auténtica honestidad, y de corazón. Y eso comienza por decirte la verdad a ti misma en primer lugar, una y otra vez. Con eso, conseguirás intimidad y confianza en ti misma, y de una manera natural eso se expandirá a todas tus otras relaciones.

LECCIÓN OCHO: RECURSOS

Dones

- La comunicación clara a menudo significa desprenderse de malos hábitos, y a veces necesitamos regresar a los fundamentos del «primer curso».
- Decir nuestra verdad a menudo nos llena de incomodidad, pero también nos da mucho poder.
- Aprender a comunicarnos con mensajes completos para incrementar la intimidad y la conexión.
- Un corazón abierto es un aliado poderoso, incluso cuando estamos marcando límites o compartiendo una información difícil.

Exploraciones

Descubrir tu verdad

Para conocer mejor tu propia verdad en la comunicación, escribe todas tus creencias sobre cómo deberías comunicarte en el mundo. Escribe sin pensar. Lee la lista y fíjate en cuáles son los acuerdos / pensamientos que tratan sobre conseguir la reacción / resultado que deseas de la persona con quien estás hablando y cuáles surgen de tu expresión auténtica.

Suelta, aconseja, comparte

Mi amigo y yo jugamos a un juego muy simple que nos sirve para estar presentes el uno con el otro. Si uno de los dos necesita soltar o expresar la rabia tras un día duro, decimos:

«¡Voy a desahogarme!» La otra persona puede decir «¡Te escucho!» Uno de los dos emplea cinco minutos en desahogarse de la manera más teatral posible y cuando esos cinco minutos se terminan, te detienes y sigues adelante. También podemos decir «¡Ahora no!», que significa «No tengo el espacio suficiente para que ahora mismo te descargues.»

Si necesitamos consejo, decimos «¡Consejo!» para que el otro sepa poner en funcionamiento su cerebro creativo.

Y si decimos «¡Compartir!» significa «Me hace mucha ilusión algo: ¡disfruta y celébralo conmigo!»

¿Qué juegos podríais crear entre amigos, con la familia o en pareja?

LECCIÓN NUEVE

Encarna tu sabiduría

> *La mente intuitiva es un don sagrado y la mente racional es una criada fiel. Hemos creado una sociedad que honra a la criada y ha olvidado el don.*
>
> ALBERT EINSTEIN

Llegaba tarde a una cita cuando sentí la urgente necesidad de visitar a mi vecino. Mi mente racional me dijo: «Pasa de largo; no existe ningún motivo para que tengas que ir a ver a Fred.» Pero algo en mi interior seguía diciéndome: «Ve. Vive en la puerta de al lado, ve a ver qué tal le va.» Tras debatirme durante un rato, decidí seguir el impulso de ir a ver a mi vecino. Mientras caminaba por el sendero cubierto de maleza que discurría entre los robles, llamé a mi cliente y le dije que iba a llegar un poco tarde.

Fred había estado pasando por unas circunstancias especialmente difíciles: su matrimonio se había roto, afrontaba la posibilidad de marcharse de la casa que amaba y su hijo menor estaba viviendo a muchos kilómetros de distancia. Cuando me acercaba, levantó la vista de la cena que se estaba preparando, y se sorprendió al verme.

—¿Qué estás haciendo aquí? —preguntó.

—He sentido la necesidad de venir a verte —le contesté mientras me dejaba caer en una silla—. ¿Cómo estás?

Él siguió sentado en silencio durante un buen rato.

—Bueno… —respondió—. En realidad estaba preparando mi última cena. He decidido terminar con mi vida.

Me quedé en silencio, un silencio profundo, y le abrí mi corazón para decirle lo que necesitaba escuchar.

—Me parece un poco drástico —le dije.

Fred se rió.

—Creo que no voy a poder soportar más esta situación.

—Lo entiendo. Estás pasando una mala época. Pero creo que la vida vale la pena vivirla, y todavía tienes mucho que ofrecer al mundo.

Pasamos la siguiente media hora juntos, mientras yo le escuchaba y estaba presente en cuerpo, corazón y mente. Me olvidé de la agenda y confié en que si había ido allí era por alguna razón.

—Me resulta increíble que hayas venido —confesó Fred después de haber compartido sus miedos y angustias—. Tienes razón, no quiero terminar con todo. Si no hubieras pasado por aquí, me habría disparado un tiro esta misma noche. Gracias por ser mi ángel.

De regreso a casa pronuncié una oración de agradecimiento por haber retrasado mi marcha el tiempo suficiente para escuchar y seguir mi guía interior.

Os cuento otra historia. Hace unos años, una querida amiga volvía a casa un domingo por la tarde tras ir de compras cuando tuvo la sensación de que debía ir a ver a su padre. Era uno de esos típicos días de verano del sur de Texas, y las temperaturas superaban los 37 grados. Su primer pensamiento fue quitarse de la cabeza la idea de visitarle sin avisar y regresar a casa para darse un ansiado chapuzón en la piscina.

Pero la sensación, en lugar de abandonarle, se fue acrecentando hasta que ya no pudo ignorarla más. Dio media vuelta al coche y condujo durante treinta minutos hasta llegar a casa de su padre, que vivía solo desde hacía cinco años, tras la muerte de su madre.

Abrió la puerta delantera y entró en la casa.

—¡Papá, soy yo!

No recibió respuesta alguna; el silencio reinaba en la casa. Echó un rápido vistazo a todas las habitaciones, pero no logró encontrar a su padre. No obstante, su coche estaba en la parte delantera, y como el hombre era una persona de costumbres, mi amiga comprendió que era muy extraño que tras volver de la iglesia, hubiera vuelto a salir de casa un domingo.

Se dio cuenta de que la puerta corredera de cristal que daba al patio trasero estaba abierta. Salió corriendo y descubrió a su padre boca abajo, tumbado sobre la hierba, bajo un sol abrasador. Le dio la vuelta para verle el rostro, y a pesar de su palidez considerable y de estar deshidratado, vio que seguía respirando. Marcó el 112, y al cabo de unos minutos ambos se encontraban en una ambulancia de camino a urgencias, donde los médicos le confirmaron que había sufrido un ataque al corazón. Le dijeron que si hubiera tardado más en llegar, su padre no habría sobrevivido. Sin duda, su intuición le salvó la vida.

Nunca he conocido a una mujer que no haya experimentado el poder de la intuición de una u otra forma. Desde los pequeños detalles, como cuando piensas en una amiga con la que no has hablado desde hace años y al cabo de un momento llama, hasta las anécdotas importantes como las que acabo de contar, vemos que la intuición es una fuerza potente del universo.

Nuestra intuición es la prueba de que en la vida hay más cosas de las que pueden pesarse, medirse o cuantificarse de alguna manera en un laboratorio. Las leyes de la ciencia no pueden explicar la intuición, pero todos sabemos que es real basándonos en nuestra experiencia personal. Por definición, la intuición proviene del reino de lo espiritual.

Íntimamente ligado a la intuición aparece el concepto de sabiduría. No me refiero a la clase de sabiduría que puede obtenerse leyendo un libro, sino más bien un sentido profundo del conocimiento, una sensación que proviene del corazón. Cuando piensas y actúas desde este punto de la sabiduría, avanzas en el camino de la vida y recurres a la fuerza para tratar con todo aquello que aparece en tu camino. Una Diosa Guerrera habla, actúa y se compromete desde este punto de la sabiduría, o lo que los toltecas llaman «conocimiento silencioso».

Escuchar tu intuición y centrarte en tu sabiduría son habilidades vitales para una Diosa Guerrera, y surgen de nuestra capacidad de quedarnos quietas, conectadas, y de escuchar más allá de nuestro conocimiento racional.

Hay una razón por la que esta es la novena lección de la Diosa Guerrera, y es que cuando practicas las lecciones anteriores, penetrar en tu sabiduría y escuchar tu intuición se convierte en una tarea mucho más sencilla. De hecho, convertimos esta actuación en un sistema de vida.

Como ilustran las dos historias que he contado al principio de este capítulo, estar en contacto con tu intuición es un arma poderosa para moverte por el mundo. Es la única manera de poder conectar directamente con el reino espiritual y acceder a ese poder invisible del universo que nos guía en asuntos de vida o muerte o en otros tan insignificantes como encontrar aparcamiento.

Cuando perdemos el contacto con nuestra intuición, a menudo nos enganchamos en el mundo de las formas físicas, y como resultado nuestras vidas se vuelven aburridas o muy estresantes, o bien nos consumimos queriendo tener éxito en el plano físico. Nos convertimos en esclavos de cosas materiales que pensamos que nos harán sentir mejor, como ir de compras, comer, beber o abusar de las drogas y del alcohol. En lugar de confiar en nosotros mismos, prestamos atención a los contactos sexuales para sentirnos seguros. En lugar de movernos en armonía con el mundo tal y como es, intentamos utilizar la voluntad para forzar las cosas y que sucedan como creemos que tienen que suceder. Este no es el camino de la Diosa Guerrera.

Cuando estamos desequilibradas con la vida de esta manera, podemos terminar escuchando la voz del miedo y confundiéndola con nuestra intuición, o bien podemos dejar de confiar en nuestra intuición y confiar en que los demás sean la voz de la guía divina de nuestra vida.

Con atención, podemos desarrollar y nutrir nuestro conocimiento innato espiritual. Podemos reabrir nuestros centros intuitivo y espiritual, aun cuando haga mucho tiempo que se cerraron u ocultaron.

DISTINGUIR LOS HÁBITOS DE LA MENTE DE LA INTUICIÓN VERDADERA

¿Cómo sabes cuáles son los mensajes que provienen de la intuición y cuáles de la mente? Es una pregunta que toda Diosa Guerrera debería hacerse mientras desarrolla su intuición.

Utilizar nuestro derecho de nacimiento intuitivo consiste en aprender a confiar en algo más que solo en nuestro conocimiento histórico. La intuición procede de un lugar donde hay amor, no del miedo. La voz de tu mente puede jugarte malas pasadas y disfrazarse de intuición, pero con el tiempo irás mejorando y reconocerás las diferencias que existen entre las dos. Recuerda que con la intuición, a menudo buscas un sentimiento en lugar de un pensamiento. Muchas mujeres lo describen como la clásica sensación de mariposas en el estómago que se origina en el plexo solar, mientras que otras sienten un destello de energía que irradia por todo su cuerpo. A algunas mujeres se les aparecen retratos o imágenes en la mente, o bien oyen un sonido o perciben un olor que les aporta información. Cuando empieces a conocerte mejor a ti misma y distingas las señales de tu intuición, tendrás un mayor conocimiento de los signos que aparecen ante ti.

La mente es la suma total de tus experiencias y de tu sistema de creencias, y a menudo opera desde el miedo y el deseo. «Quiero eso. No quiero aquello» son pensamientos que la mente fabrica. Eso no significa que la mente sea «mala», sino que es importante ser consciente de estos hábitos y ver que los deseos y los miedos de la mente pueden disfrazarse de intuición. La pericia de la Diosa Guerrera es distinguir los hábitos de la mente de los genuinos mensajes intuitivos. El primer paso es desenmarañar la intuición y la conexión espiritual de cualquiera de tus antiguas historias y sistemas de creencias. He observado que tanto yo como muchas otras personas tienen profundos sentimientos «intuitivos» sobre algo solo para descubrir, tras ahondar en ello, que los sentimientos en realidad no son intuiciones, sino la mente que nos habla.

Mi primer despertar consciente sobre la confusión que existe entre intuición e historia me sobrevino al terminar una relación, tras licenciarme en la universidad. Ted y yo vivimos un rápido e intenso noviazgo, una relación plagada de largos días de ensueño mirándonos a los ojos y sintiendo esa ebria felicidad del amor nuevo. El vínculo que nos unía era muy fuerte porque ambos estábamos sanando de sendos maltratos sexuales. Por desgracia, el cariño genuino que sentíamos el uno por el otro no tardó en complicarse con nuestros miedos y heridas inconscientes, y nos separamos cuando Ted decidió que tenía que irse a Nuevo México para encontrarse a sí mismo.

Cuando regresó inesperadamente, descubrí que aunque dijimos que no queríamos seguir con nuestra relación, yo me sentía conectada con él a través de una serie de sincronías innegables. Pensaba en él, me dirigía a su antigua casa y le encontraba fuera. Sentía la necesidad de ir a pasear de noche y me tropezaba con él. Manteníamos unas relaciones sexuales apasionadas y luego no nos veíamos hasta que volvía a reunirnos la siguiente sincronía. Sentí que era el destino; era obvio que estábamos destinados a estar juntos. Creí que estaba siguiendo mi intuición, y urdí toda una historia sobre la pasión inmortal de nuestro amor.

Unos meses más tarde una mujer de la comunidad en la que vivo entró en mi oficina y me dijo que estaba teniendo una relación con Ted. Me contó que le había dado un ultimátum: él tenía que decírmelo antes de una fecha determinada, y como no lo había hecho, quería asegurarse de que yo me diera por enterada.

Tardé semanas en descifrar por qué mi intuición me había llevado por mal camino. ¿Cómo podía el universo mandarme tantos mensajes diciéndome que Ted era el elegido para mí?

Mientras investigaba, empecé a ver que había pasado por alto muchas cosas, pequeñas señales que me habían dado pistas sobre la verdad. Mis «indicios intuitivos» en realidad eran una conexión enfermiza que yo mantenía con alguien que había dejado de estar disponible. Esta experiencia fue muy valiosa para mí y me ayudó a descubrir las diferencias sutiles que existen entre la intuición genuina y nuestros actos cuando los contemplamos a la luz de las heridas pasadas.

Por eso es tan importante tomarse un tiempo para trabajar todas las lecciones que hay en Tu Diosa Guerrera interior, para aprender cuáles son las estructuras de tus creencias y cómo te has retrotraído al pasado. Cuando vayas clarificando sistemáticamente las distintas áreas de tu vida, tu sabiduría interior se volverá mucho más clara, como un espejo que acaban de limpiar.

EJERCICIO: OBSERVAR EL RESULTADO

Construirte tus propias habilidades intuitivas requiere estar dispuesta a equivocarse y a acertar. Aprendemos a toro pasado cuál es el lenguaje de nuestra intuición innata. He descubierto que la mejor manera es «observar el resultado» con gran curiosidad y aprender lo sutil que es una señal intuitiva comparada con otra señal de la mente.

«Observa el resultado» funciona así: cuando tengas lo que identificas con un sentimiento o una reacción intuitivos, establece cómo es ese sentimiento. ¿Dónde, en qué parte del cuerpo lo has sentido? ¿Cómo sonaba esa voz en tu cabeza? ¿Cómo te sientes emocionalmente? ¿Qué ha pasado con tu cuerpo energético? Revisa todos los aspectos distintos de lo que has percibido como tu intuición. Toma la decisión consciente de seguirla o no seguirla.

Recomiendo que empecéis un diario de la intuición y escribáis todas las reflexiones / experiencias que tenéis y que creéis que podrían ser una intuición. Más tarde observad y ved cuál es el resultado. A posteriori preguntaos si ese mensaje procedía de vuestra intuición o de vuestra mente. ¿Qué pasó después de seguir o no seguir ese mensaje? Escribiendo las cosas y observando el resultado, empezarás a reconocer en qué puntos tuviste las cosas claras y dónde erraste el tiro. Con el tiempo descubrirás que mejoras mucho más en tu capacidad de identificar los sentimientos que es más probable que sean intuitivos y los que no.

Vamos a plantear unos cuantos ejemplos sobre cómo funciona lo de observar el resultado y seguir tu intuición contraponiéndolo a los hábitos de tu mente:

Fecha: 2/12/13

Sentimiento / pensamiento: Necesito salir pronto para ir a trabajar.

Acción: Me marcho al trabajo diez minutos antes.

Detalles: Mi voz era silenciosa, y me sentía en calma. Quería quedarme más rato en la cama, es decir que una parte de mí quería ignorar el pensamiento de que necesitaba salir pronto. Pero al final decidí levantarme y salir por la puerta.

Resultado: Entré en el despacho cuando sonaba el teléfono. Era una persona con quien tenía que hablar sobre nuestro proyecto. ¡Feliz coincidencia!

Lo que aprendí: A seguir la voz silenciosa, aun cuando mi mente-cuerpo no lo deseara.

Fecha: 5/6/13

Sentimiento / pensamiento: Estaba en el trabajo y sentí la necesidad de ir a la tienda de al lado, lo sentí como algo realmente importante.

Acción: Cogí la gabardina y salí por la puerta.

Detalles: De camino a la tienda me sentí mejor, y decidí que estaba tomando la decisión adecuada. Compré comida y luego decidí llevarme algunos artículos del vivero.

Resultado: Me enfrasqué completamente en otras cosas hasta que llegué a casa y tuve que dejar las plantas. Y entonces empecé a quitar las malas hierbas.

Lo que aprendí: Han pasado un par de semanas y este patrón se ha ido repitiendo una multitud de veces: la necesidad de hacer algo de inmediato que parece una fuerte intuición. Sin embargo, ahora comprendo que solo se trata de una distracción para no afrontar mi trabajo, y eso provoca que a la larga me agobie, a pesar de que me sienta mejor a corto plazo. Cuando me pregunté: «¿Estoy siguiendo mi intuición o eso es una distracción?» Cuando me senté a considerar la urgencia del sentimiento, me di cuenta de que lo que había detrás era el pensamiento «No puedo hacer esta tarea; es demasiado difícil».

Nueva acción: La próxima vez que sospeche que podría estar siguiendo una falsa intuición, voy a tomarme un descanso y a caminar para liberar mi energía. Mientras camine, me echaré un sermón a mí misma y me diré que soy muy competente y que tengo un gran talento en el trabajo.

¡Cuando estés observando el resultado, es importante que no te juzgues! Recuerda que estás aprendiendo. Sé curiosa y ten paciencia sobre las diferencias sutiles que existen entre un conocimiento intuitivo y una historia mental. A medida que puedas ir separando los hilos de los antiguos hábitos y temores y vuelvas a tejer tu vida desde el tejido más fuerte del conocimiento interior, te abrirás a la fuente de la sabiduría sagrada que fluye en tu interior.

He descubierto que para muchas mujeres el conocimiento intuitivo es fuerte, pero nuestra capacidad para confiar en nosotras mismas es débil. Mi amiga Sally cuenta una historia sobre una época en la que no escuchaba a su intuición. A pesar de que tenía esa sensación en el vientre que se experimenta cuando una sabe que algo anda mal, siguió negándolo hasta que se puso físicamente enferma. Solo cuando se detuvo para escuchar lo que en realidad era para ella auténtico, y estuvo dispuesta a verlo, comprendió que ignorando su intuición estaba creando un enorme desequilibrio en su interior.

Te presento algunas cosas más para que explores mientras profundizas tu relación con tu intuición y aprendes a confiar en su auténtica voz.

Conoce cuáles son tus filtros

A veces tu sensación intuitiva inicial es clara, pero entonces filtras el mensaje a través de tus opiniones y experiencias, y los deseos y los miedos de la mente se apoderan de ti. Como resultado, nublas la verdad original que te vino a través de la intuición.

Utiliza los conocimientos intuitivos de los demás con cuidado

Otra dificultad que quizá tengas es la de distinguir entre tu intuición y las opiniones de los demás (¡o la proyección de tu mente sobre cuáles son sus opiniones!). En otras palabras, si tienes un momento intuitivo en el que te sientes obligada a emprender una acción concreta, inmediatamente sentirás la voz de alguien que conoces diciéndote por dentro «¡No hagas eso!» o bien «¡Eso no va a salir bien!» De esta manera, filtras la señal intuitiva a través de las creencias y las opiniones de los demás.

También en esta línea podemos tener amigos con una fuerte intuición, o quizá busquemos los servicios de una vidente profesional (*intuición* es la palabra convencional para referirse a «fenómeno paranormal»). En cualquier caso, hemos de ser conscientes de que los demás, como nosotros mismos, pueden tener fuertes filtros o sistemas de creencias que pueden nublar su interpretación de la información que reciben. Por eso, aunque la información inicial pueda ser precisa, puede verse contaminada por su sistema de creencias. Asegúrate de validar la información en persona, y sé consciente de los sistemas de creencias de aquellos en quienes buscas consejo.

Por ejemplo, una mujer puede darte un consejo intuitivo sobre tu matrimonio, pero su «conocimiento» sobre las relaciones podría ser tendencioso por la rabia que siente por su exmarido. Saber algo así es fantástico. Utiliza a los demás como recurso para acceder a tu propio conocimiento intuitivo en lugar de interpretarlo como si fuera una verdad absoluta. Caminar por el sendero de la Diosa Guerrera significa aprender a separar las emociones y los pensamientos de los demás de lo que es auténtico para ti. Puedes seguir respetando la opinión de los demás sin necesariamente tener que estar de acuerdo con ellos.

Sabe cuándo actuar

Por último, reconoce que solo porque intuyas algo eso no significa que tengas que emprender una acción. Por ejemplo, recuerdo que estaba sentada al lado de una alumna y sentí la energía de las decisiones que ella estaba tomando en ese mismo momento. Mi visión intuitiva fue muy clara, y pude ver el camino que tomaría tras esas decisiones y el resultado, el reto que tendría que afrontar en un futuro próximo. En ese momento me dio mucha rabia, pero también supe que mi alumna estaba decidida a ello y necesitaba vivir esas experiencias. Como resultado supe que lo mejor que podía hacer yo era callarme. Y cuando fueron desplegándose los acontecimientos, tal como intuí que pasaría, lo que ella consiguió de verdad fue que aprendió la lección que tenía que aprender por sí misma. Me sentí agradecida de haber usado mi intuición sobre lo que había de sucederle no como una manera de sentirme superior o de corroborar que tenía razón, sino para que eso me sirviera para sentir compasión por ella y darle mi apoyo incondicional a fin de que ella sacara partido de sus experiencias.

SABIDURÍA Y CONOCIMIENTO SILENCIOSO

En las culturas tribales de todo el mundo los ancianos son quienes toman las decisiones importantes y los depositarios de la sabiduría. Las abuelas o las ancianas recibían honores, y sus consejos eran preciados tanto en los asuntos nimios como en los importantes. Estas mujeres constituían la tercera parte vital de una trinidad arquetípica femenina muy antigua: la doncella, la madre y la anciana.

La doncella es la energía de la curiosidad, la exploración, la juventud, la inocencia, el juego y la expresión sexual y sensual. El arquetipo de la madre es la energía de dar a luz y alimentar, tanto si se trata de niños como de proyectos realizados desde el corazón. El arquetipo de la anciana es la energía de las acciones sostenibles, duraderas y beneficiosas que nutren a la tribu entera sin discriminación, y de la sabiduría visionaria. Cuando abrazamos a nuestra anciana personificamos las mejores cualidades de la doncella y la madre y nos ponemos al servicio del bien más alto posible para todos.

Las Diosas Guerreras equilibradas contienen los tres aspectos de esta trinidad divina femenina y mezclan las mejores cualidades de la doncella, la madre y la anciana.

Encuentro curioso que la sociedad moderna se centre en el extremo del espectro que representa la doncella. Me parece muy desequilibrado. Hojea cualquier revista y verás que este desequilibrio se refleja con claridad. ¡Imagínate que todas las revistas convencionales estuvieran repletas de imágenes de ancianas felices y ancianos poderosos! A pesar de que la energía de la doncella es maravillosa e importante, cuando nos esforzamos por seguir siendo doncellas pasado ese estadio, podemos separarnos de nuestro poder y perder profundidad. Es muy fácil quedar atrapadas en la rueda del hámster que intenta retener nuestra juventud a toda costa. No estoy hablando de cuidar bien de nosotras mismas y de permanecer jóvenes de corazón. Hablo de esas otras veces en que nos miramos en el espejo y nos juzgamos por nuestras arrugas, o por la forma de nuestros pechos, o por los otros cambios que han sucedido desde que teníamos veinte años.

También hay un desequilibrio en el aspecto materno de nuestra trinidad interior. El arquetipo de la madre es poderoso, pero muchas acabamos sintiéndonos infravaloradas, agobiadísimas y agotadas por el aspecto maternal de lo femenino porque hemos aprendido a hacer de madre de todo a expensas de nosotras mismas. También podemos aferrarnos al arquetipo de la madre mucho después de que nos sea ya útil, o sea útil a nuestros hijos, haciéndoles de madres y ahogándolos, aun cuando ya hace mucho tiempo que son unos adultos independientes.

Para cambiar este modelo, invito a todas las Diosas Guerreras a dar un paso al frente y a familiarizarse con el poder de la anciana. Esto significa superar el miedo que nos da nuestro propio poder y abandonar cualquier intento de convertirnos en unas muchachas que no representan ninguna amenaza o en unos bombones seductores, y también abandonar el hábito de que todos pasen por delante de una sin hacer caso de nuestras necesidades. Es hora de que afirmemos la sabiduría de nuestra innata anciana interior.

Cuando damos un paso sin miedo hacia la energía de la anciana, accedemos a nuestro «conocimiento silencioso» tolteca. El conocimiento silencioso incluye nuestra intuición, pero la trasciende. Cuando estamos conectadas a nuestra intuición, recibimos mensajes del mundo invisible del espíritu que nos ayudan a navegar en este mundo material de la forma. Cuando conectamos con el conocimiento silencioso, borramos los límites que existen entre estos dos mundos del espíritu y la materia, de lo conocido y lo desconocido. Nos movemos más allá de la dualidad, más allá del bien y del mal, por encima de las normas, y entramos en una conexión absoluta con todo lo que es.

Como escribe don Miguel, «el silencio interior es el lugar del conocimiento silencioso donde lo sabes todo, y puedes ver que hay múltiples elecciones».

Todos nacimos conectados al conocimiento silencioso, y en cualquier momento podemos reconectarnos a este derecho natural. El conocimiento silencioso surge cuando nos quedamos quietas y expandimos nuestra percepción más allá de nuestro ego y personalidad y entramos en la verdad siempre presente de que somos uno con toda la vida. Nos desconectamos de nuestra propia importancia y nos damos cuenta de que cada una de nosotras somos una célula diminuta en el cuerpo del universo. Desde esta conciencia, no necesitamos buscar respuestas; las respuestas surgen espontáneamente en nuestro interior porque somos todo.

El primer paso en desarrollar un vínculo claro con el conocimiento silencioso es sencillamente proponerse uno. Tu propósito es poderoso. Puedes seguir siendo estrecha de miras y centrarte en el pequeño prado donde te quedas pastando durante los miedos y los dramas del día a día o saltar la valla y dirigirte a lo desconocido.

Ábrete más allá de tu conocimiento hacia la conciencia de que todas las cosas son una y están interconectadas. Ve más despacio. Escucha las estrellas y la tierra; oye las enseñanzas silenciosas del viento y la sabiduría del fuego. El microcosmos de cada una de tus células es un vínculo directo con el macrocosmos del universo entero. Quédate quieta y deja que el universo florezca en tu interior.

LECCIÓN NUEVE: RECURSOS

Dones

- Tu intuición habla siempre; tu trabajo es recordar cómo escuchar tu voz interior.
- Los conocimientos intuitivos más poderosos no necesariamente tienen que expresarse, comprenderse o seguirse.
- La percepción energética viene dada en una miríada de formas: a través de un conocimiento interior, a través de la vista y a través del sentimiento.

- La sabiduría del conocimiento silencioso se adquiere cuando tranquilizamos la mente y nos centramos en lo desconocido en lugar de en lo conocido.

Exploraciones

Profundiza en tu silencio

Ahora que estás firmemente plantada en el camino de la Diosa Guerrera, es el momento de adquirir un compromiso con tus prácticas espirituales. Los siguientes ejercicios te ayudarán a estar más en contacto con tu intuición y sabiduría.

- Dedica una hora para estar en silencio una vez por semana.
- Practica un silencio parcial en una fiesta o en el trabajo: limita la charla a lo estrictamente necesario. Llena los espacios intermedios con amor o con un propósito específico.
- Varias veces al día deja de emplearte en varias cosas a la vez. Cuando estés comiendo, come. Cuando estés hablando por teléfono, solo habla.
- Crea más espacio a cada momento a través de tu respiración y tu propósito consciente. Aun cuando estés realmente ocupada, puedes ir más despacio y sentir el silencio que discurre entre los segundos.
- Planifica un tiempo para dedicarlo a un silencio más largo. Ten claro lo que tendrás que hacer para que todo esto suceda. Pide ayuda. Créate unas pautas de actuación.
- Establece acuerdos y unos límites claros con los niños, las parejas y los amigos sobre tus silencios.

- Si en general vives de una manera silenciosa en el mundo, ¡haz justo lo contrario! Haz experimentos para hablar más y expresarte en el mundo. Mira cuáles son tus mayores desafíos.

LECCIÓN DIEZ

Elige tu camino

La vida se encoge o se expande en proporción al valor de cada uno.

Anaïs Nin

Hacía unos cinco minutos que estábamos trabajando en un taller que yo dirigía cuando una mujer levantó la mano y confesó: «No sé si debería estar aquí. Soy introvertida, y vosotras sois muy extrovertidas y la energía que se siente aquí es demasiado para mí. Creo que tengo que marcharme.» Yo le dije: «En realidad yo también soy una introvertida que funciona bien como extrovertida cuando estoy impartiendo clases. Puedes marcharte sin ningún problema si eso es lo que necesitas, pero yo te invito a que te quedes y veas lo que tenemos para ti. No te estoy pidiendo que seas diferente, te estoy invitando a que te expandas y abras a nuevas posibilidades.»

Se quedó, efectivamente, durante todo el taller, y al final del día compartió con las demás y con mucha ilusión la conclusión a la que había llegado: «¡No tenía ni idea de cuánto me limitaba a mí misma con esta historia de que soy una introvertida!» Esa mujer estaba radiante de felicidad, una felicidad recién hallada.

¿Significa eso que ahora se convertirá en una extrovertida que estará encantada de relacionarse con grandes grupos? Probablemente no (¡a menos que ella sea así!) Si cuento esta historia es para demostrar que adquirir el poder de tu Diosa Guerrera significa soltar la persona que has sido anteriormente para poder experimentar quién eres una vez que te has liberado de las viejas definiciones y percepciones.

Yo solía considerarme una persona increíblemente tímida. Un día me pidieron que saliera a sustituir a otra y que hablara de algo que realmente me apasionaba: un viaje reciente que había hecho a Nicaragua para llevar juguetes y medicinas a los niños. Aunque estaba aterrorizada, descubrí en el mismo momento de abrir la boca que me encantaba compartir mis conocimientos. Fue una revelación. ¿Cómo podía ser tan tímida y haber disfrutado tanto delante de doscientas personas? Tuve que soltar a la persona que creía ser y el papel familiar que había adoptado de persona tímida para que la verdad se revelara: me encanta enseñar a grupos. A veces siento timidez, pero ahora mi mundo es mucho mayor que cuando me definía a mí misma como una persona tímida e introvertida. Ahora me veo como alguien a quien han bendecido para estar enraizada en la quietud y desbordar de palabras y energía.

A medida que nos acercamos al final de este libro, te invito a que recuerdes que no existe una única manera de ser una Diosa Guerrera. Puedes ser una Diosa Guerrera de las que arman ruido, son extrovertidas y hablan mucho, o puedes ser una Diosa Guerrera silenciosa e introvertida que prefiere observar la multitud en lugar de unirse a ella o dirigirla. ¡O puedes ser ambas cosas! La clave consiste en que una vez te encuentras en el camino de la Diosa Guerrera, te das cuenta de que tienes una oportunidad. Ya no eres esclava de las ideas de los demás sobre cómo deberías vivir tu vida, ni estás atrapada por tu antiguo sistema de creencias. Te estás convirtiendo en la mujer que querías ser, que es sinónimo de ser quien tienes que ser.

La lección final de este libro trata de que elijas con alegría cómo definirte mientras sigues este camino.

Elegir cómo te defines no es un ejercicio para limitarte, y tampoco está diseñado para que adquieras una falsa sensación de importancia. Elegir cómo definirte mientras avanzas en tu camino es un modo de crear una dirección positiva y seguir tu curación interior. Pero recuerda, hay peligro en los dos extremos: evita crearte una definición rígida sobre quién deberías ser y utilizarla luego para machacarte porque no eres así, y evita también carecer de dirección propia y errar sin propósito, haciendo elecciones por defecto.

En el siguiente apartado exploraremos los papeles más familiares que utilizamos para definir y a menudo limitarnos a nosotras mismas, y cómo elegir conscientemente nuevos mitos que nos expandan e inspiren.

PAPELES

Un papel es un guión escrito mucho antes de que naciéramos. Un papel define cómo deberías actuar, cómo deberías reaccionar y lo que deberías creer. A menudo adoptamos un papel sin reconocerlo como tal, y de repente nos encontramos actuando de una manera que no entendemos o que nos resulta desagradable. Cuando nos identificamos con un papel creemos que así es como somos, en lugar de creer que es un papel que estamos representando.

Hija, madre, estudiante, adicta, profesora, jefa, novia, voluntaria, artista, activista, sanadora, la feliz, la triste, la soltera, la divorciada, la cuidadora, la espiritual, la víctima, la verdugo, la buena trabajadora, la viuda... Todos estos son papeles posibles que hemos podido adoptar a lo largo de los años. Y hay muchos más.

¿Qué papeles distintos has representado a lo largo de la vida? Haz una lista de todos los que puedas. Observa el impacto que estas etiquetas tienen en tu cuerpo.

Los papeles a los que nos aferremos tienen que soltarse con amor. Una Diosa Guerrera interior integrada no necesita apoyarse en papeles para sentirse completa (¡incluyendo el papel de la Diosa Guerrera!) Y desembarazarte de los papeles que has adoptado puede llevar su tiempo. Ten paciencia y sé honesta. ¿A qué lugares del exterior te aferras energéticamente para encontrar apoyo y validación? El siguiente ejercicio te ayudará a empezar a darle vueltas a los papeles que te has otorgado, consciente o inconscientemente, y ver en qué puntos te están limitando.

EJERCICIO: IDENTIFICAR TUS PAPELES

En este ejercicio vas a definir tus papeles y a dar con un plan para cambiarlos o mantenerlos. En primer lugar, crea unas entradas en tu diario como las que aparecen a continuación, y deja un espacio para escribir. (Ahora explicaré lo que significan.)

- Papel
- Descripción
- Acción

Después, haz una lista de los papeles que desempeñas en la actualidad en diferentes ámbitos:

- En el trabajo o en la escuela
- En tu familia
- En tus relaciones íntimas
- Con tus amigos
- Con tus vecinos

Te doy un ejemplo de papel: la hija solícita. El proceso de escribir esta lista puede ayudarte a comprender mejor el papel que estás desempeñando, que tan solo es eso, un papel. No eres tú.

A continuación, escribe una descripción de cómo desempeñas cada papel. Siguiendo con el ejemplo de arriba, podrías decir: «Todo empezó cuando intenté ser como yo pensaba que mi padre quería que fuera. Pero me doy cuenta de que este papel tiende a desbordarse y a afectar a mis otras relaciones, sobre todo las que mantengo con los hombres.»

Luego, sigue la lista y considera cuáles son los papeles que siguen siendo útiles y cuáles no. ¿A cuáles te sientes aferrada? Probablemente son los que deberías soltar. Marca con un tic o un asterisco los papeles que ya no te sirven.

Finalmente, decide la acción que quieres emprender en función de cada papel. Por ejemplo, podrías decir: «Quiero cambiar la energía de este papel para ser leal conmigo misma y decir la verdad con respeto y amor hacia los que me rodean.» No existe una respuesta acertada y una falsa. El objetivo del ejercicio es reconocer los papeles y soltar los que ya no te sirven.

Te doy un par más de ejemplos:

Papel: Director

Descripción: Me contrataron para que dirigiera un gran equipo de personas y considerara cuáles eran las mejores maneras de ser eficaz y receptivo con nuestros clientes. Soy una buena directora y desempeño bien mi papel, pero veo que también he asumido la responsabilidad de los problemas de los demás en lugar de darles el poder para que sean responsables.

Acción: Quiero aligerar mi papel de «dirigir» asumiendo el control y empezar a ser una «inspiradora». También me quitaré la capa de directora cuando salga del trabajo.

Papel: Madre

Descripción: Mamá de dos niños de cuatro y siete años. Me siento agotada y como si no tuviera vida propia aparte de ser madre. Creo que estoy intentando ser la madre perfecta, ¡signifique lo que signifique!

Acción: Voy a recordar que primero soy mujer, y luego madre. Pediré que alguien cuide de los niños un par de horas para poder pasar más tiempo conmigo misma. Intentaré ser la mejor madre que pueda y a la vez me concederé más espacio. Dejaré de definirme solo como una madre cuando hable conmigo misma o con los demás.

La verdad es que no te identificas con nada de todo eso; todas esas identidades son sencillamente los papeles que has ido desempeñando, las máscaras que te has ido poniendo. No importa si amas u odias ese papel, o si tu máscara es sólida; el papel no representa la totalidad de tu persona. Tú eres la fuerza invariable que hay tras las máscaras, la divina presencia que hace posible la máscara. Saber eso es adquirir la sabiduría de la Diosa Guerrera.

Mientras superas estas distintas identidades para ir a tu centro, al núcleo central de ti misma, descubre la esencia que ha permanecido estable en todas esas identidades. ¿Puedes descubrir la semilla de tu luz tras esos papeles? Retrocede hasta saber quién eras antes de cualquiera de estos papeles, cuando eras pequeña. ¿Qué observas? ¿Recuerdas haber experimentado algo sin pensamientos, reflexiones o juicios? Esos son los momentos en los que no hay papeles, ningún narrador que te diga la persona que deberías ser, piensen los demás lo que piensen. Son los momentos en que eres tú, plenamente.

En el siguiente apartado aprenderás una paradoja interesante: un modo de liberar los papeles que ya no te sirven es eligiendo el nuevo mito que quieres encarnar.

EL PODER DEL MITO

Los seres humanos hemos contado historias desde el principio. Y los mitos, que nos enseñan un ideal o un concepto importantes, nos ayudan a explicar o a interpretar de alguna manera el mundo que nos rodea. Estamos constantemente contando mitos sobre nosotros mismos y los demás, a menudo sin darnos cuenta de ello, y una de las artes de la Diosa Guerrera es su disposición a crear su propia mitología. Reclamar tu camino de Diosa Guerrera significa elegir el mito que quieres desempeñar, un mito que te nutra y te mantenga energizada.

En este apartado, experimentaremos con dos clases de mitos, los grandes y los pequeños. Un gran mito te da el contexto sagrado; un pequeño mito te centra.

Tu gran mito

Tu gran mito es ese retrato fundamental que te cuenta cómo y por qué eres única, luz preciosa de la Diosa Guerrera llegada al planeta.

Soñar con tu gran mito consiste en primer lugar, y sobre todo, en tener una imaginación extravagante, fabulosa, vasta. En crecer. Sé la heroína de tu propia historia. Hazte con un fantástico equipo de apoyo. Concédete superpoderes.

Las posibilidades son interminables:

- Soy un ángel que ha vuelto a encontrar las alas.
- Soy una guerrera de la luz enviada por mi tribu para explorar el planeta Tierra.
- Soy una mensajera de la fe, y he venido a compartir mi corazón y a esparcir las semillas del amor dondequiera que vaya.
- Traigo paz y conexión desde el mismo centro del universo.

Elige un gran mito que te haga irradiar felicidad. Olvida si eso es sensato, práctico o real. Elige tu gran mito de manera consciente, pero no te aferres mucho a él; ¡no te apegues! Es una indumentaria que te viste, no tu verdadero yo. Tu esencia no puede definirse ni limitarse.

Mi gran mito es que soy hija de la diosa. Mi madre diosa me ama con ferocidad y siempre me da su apoyo y me sostiene energéticamente. Estoy al servicio de ella y de mis hermanos y hermanas, desde los minerales a las plantas y las personas. Cuando siento este mito, todo mi cuerpo se relaja, y me siento inspirada, amada y amante. Me siento feliz y confiada.

Cuando un acontecimiento externo se desencadena y descubro que regreso a la antigua identidad de una adolescente cerrada y rarita, recuerdo que tengo una elección. ¿Quiero seguir aferrada a esta imagen antigua de mí misma como una adolescente torpe o quiero realizar una nueva elección y ser la hija de la diosa? Como hija de la diosa, puedo amar a esa parte de mí misma que es una adolescente torpe y ver sus buenas cualidades: la inocencia, la curiosidad, la alegría interior. Ella también es hija, y una amiga. Veo su belleza en lugar de encarnar su dolor y extrañeza.

Una palabra de advertencia: cuando reclames este gran mito, el resto de tus identidades probablemente empezarán a reclamar tu atención. Tu juez quizá dirá: «¡Oh, eso no es verdad! ¡Eres una tarada! ¡Eres débil!» Tu víctima quizá dirá: «Ya, pues si eres un ángel, ¿por qué te estás esforzando tanto? ¿Por qué no viene otro a cuidar de nosotros? ¿Dónde está mi alma gemela? ¿Por qué tengo que trabajar?» Sonríeles. Ríete, no te esfuerces. Pasa por alto las voces y sigue defendiendo que tu gran mito es verdad.

Quizá tengas que retomar tu gran mito varias veces al día durante un tiempo. Cuando cometas un error y tu juez o tu víctima vuelva a meterse contigo, en lugar de escuchar y castigarte, puedes decir: «Oye, soy la hija de una diosa. Soy un ángel que ha venido a traer alegría al mundo. Y solo he cometido un error. Estoy aprendiendo a ser humana.» Y entonces investiga qué es lo que podrías haber hecho de otra manera. ¿Qué has aprendido que puedas poner en práctica la próxima vez que suceda algo parecido?

Siempre tenemos la oportunidad de revisar nuestras acciones y adquirir un nuevo punto de vista, nueva información para que nuestras próximas acciones surjan de una mayor integridad y conciencia. Tu gran mito puede ayudarte a acceder a esta energía. Pero eso no sucederá automáticamente. Muéstrate curiosa, y haz el trabajo necesario para desenredar esos lugares viejos y atascados de tu interior utilizando las herramientas de los capítulos previos de la Diosa Guerrera interior. Solo cuando nos detenemos y profundizamos con amor en nuestras acciones y reacciones digerimos y encarnamos las lecciones.

Aferrarse a un gran mito te permite ser honesta y creativa para valorar y enmendar faltas. ¿Los ángeles reciben castigos? ¿Tu diosa te pegará porque hayan devuelto uno de tus talones, por perder tu trabajo o por tener una aventura? ¿Te dirá algo así como «Fíjate, has vuelto a cometer el mismo error; mejor vete a dormir. Escóndete, que a lo mejor así algo cambia»? ¡No! Al contrario, posicionada desde tu gran mito, puedes ver los cambios que te gustaría hacer sin machacarte.

Cuando ya tienes un gran mito que encarnar, puedes idear un pequeño mito: una definición actual (¡o varias!) de ti misma, como una chispa que va a crecer.

Tu pequeño mito

Si tu gran mito es el gran retrato que representa la manera y las razones por las que llegaste al planeta, tu pequeño mito es la ventana que eliges para dejar que penetre esa luz en tu día a día. Imagina que mañana, cuando te despiertes y vayas al armario, junto a la ropa también hay una caja nueva con la etiqueta «Pequeños mitos». Cuando la abres, ves trajes de distintos estilos y colores asociados a un papel que puedes experimentar. Puedes ponértelos y quitártelos tantas veces como quieras.

Tu pequeño mito es como un traje fabuloso. Es elegir conscientemente la máscara o el papel que quieres explorar en tu vida diaria. Revuelve en esa caja y encuentra el traje perfecto para lo que quieres crear en este momento en concreto de tu vida. ¿Qué energía quieres aportar al mundo?

Aquí tienes unos cuantos papeles pertenecientes al pequeño mito que podrías encarnar: artista, sanadora, estudiante, profesora, amante, madre, amiga, jefa, empleada, colaboradora.

No elijas solo los papeles que te resulten más familiares. La clave para utilizar tu pequeño mito y que este propicie tu crecimiento es no basarlo en lo que la sociedad, las personas críticas o tus amigos piensan que deberías ser (o quién crees tú que ellos quieren que seas). Al contrario, pregúntate: ¿qué pequeño mito me serviría ahora? ¿Qué acción quiero hacer ahora para apoyarme a mí misma? ¿Por qué ventana quiero que pase mi luz?

Así como tu gran mito es fantástico, tus pequeños mitos son prácticos y simples. Aquello por lo que te decantas en tu pequeño mito es el marco que te recuerda quién quieres ser. Por eso, cuando te despiertas por la mañana, sabes por qué estás aquí (gran mito) y sabes cuál es tu objetivo del día (pequeño mito).

Así, cuando las distracciones del día empiecen, tendrás más poder para hacer elecciones. Cada vez que te preguntes «¿Debería hacer esto o lo otro?» piensa en tu pequeño mito. ¿Qué haría tu pequeño mito?

Por ejemplo, cuando exploré por primera vez mi pequeño mito hace muchos años, elegí «escritora». En ese momento era más escritora en mi cabeza que sobre el papel. Utilicé el pequeño mito de «Soy escritora» para que me ayudara a entrar tanto en la sensación que me despertaba ese papel como en el acto de serlo. Cuando me ponía mi traje imaginario de escritora, me daba el impulso que necesitaba para tomar las decisiones que me respaldaban, para hacer lo que realmente quería y que tanto parecía que me costaba conseguir.

Usa tu pequeño mito como una manera de identificar, crear y satisfacer el propósito de tu vida actual. Tu pequeño mito cambiará a lo largo de la vida, puesto que puedes ser estudiante durante un tiempo, luego madre, profesora o artista. También puedes tener más de un pequeño mito cada vez. Asegúrate de que el pequeño mito o los mitos que elijas sean los lugares adonde quieres ir, no donde ya has estado. Así tu pequeño mito te ayudará a romper con modelos antiguos y estancados.

Y recuerda, tienes que definir lo que representa tu pequeño mito. Por ejemplo, elegir explorar el pequeño mito de la madre no significa que tengas que ser una madre biológica. ¿De quién o de qué haces de madre de una manera consciente? Alguien me preguntó recientemente: «¿Tienes hijos?» Mi respuesta fue decirle: «He sido madre de muchos libros.» Dejar que tu luz brille plenamente en el mundo significa reclamar plenamente tu manifestación única de Diosa Guerrera. Elegir conscientemente un mito pequeño puede ayudarte a expandir tus límites, a reclamar tu espacio y a moverte en una dirección que sirva a tu bien más alto.

Como Diosa Guerrera, sabes que tanto los mitos grandes como los pequeños son en último término solo eso: mitos. Tu yo real es mucho más, mucho mayor que el contenido de cualquier historia. Y elegir conscientemente qué mitos quieres crear en lugar de aceptar las historias que se crearon para ti es de lo que trata ser una Diosa Guerrera.

¡Diviértete! No te preocupes en crear el pequeño mito perfecto o el gran mito más poderoso. Pruébalos. Quítatelos. Ponte otra cosa. Y recuerda que tú no eres tu pequeño o tu gran mito. Eres la magia que hay detrás del mito, una maravilla de la vida que se manifiesta en su forma. Y en ese espacio del misterio es donde se dan las mayores transformaciones.

AYUDAR A LOS DEMÁS A SANAR

Hace años, tras haber viajado con varios grupos a las pirámides de Teotihuacán, en México, una amiga y yo tuvimos la visión maravillosa de llevar a un grupo de mujeres de peregrinaje a esa ciudad prehispánica. Nuestro propósito era conectar con las antepasadas de este antiguo enclave tolteca, y abrirnos a la idea de ponernos al servicio de la humanidad.

La experiencia que tuvimos el último día de este viaje, en lo alto de la majestuosa Pirámide del Sol, transformó no solo a nuestro pequeño grupo, sino que la ola se expandió y sanó a otros grupos de manera inesperada. Lo que sucedió ese día también nos ayudó a las demás a despojarnos de antiguas inseguridades.

De camino a la pirámide nos detuvimos, bendijimos todos los puntos cardinales y dejamos ofrendas de agua y maíz para honrar a las antepasadas y a los creadores de este lugar sagrado. Un silencio dulce y puro, y plegarias. A medida que ascendíamos por la pirámide, nos sentimos más unidas y alineadas con esta energía pacífica. Pero cuando llegamos a lo alto, mi mente empezó a manifestarse. «Oh. Hay mucha gente en el centro. Es domingo. Qué bullicio... Tendremos que hacer una ceremonia rápida.»

En un par de ocasiones, en Teotihuacán el gentío se molestó con nosotros porque habíamos invadido el centro para celebrar una ceremonia como la que íbamos a hacer al cabo de unos minutos. La mayoría de las veces la gente nos ignoraba, pero yo me había anclado a la frase de «la gente se molestará», y eso provocó en mí que quisiera celebrar una ceremonia rápida.

A medida que nos acercábamos, se abrió un pequeño espacio en el centro, entre la multitud, y pensé: «Mira, haremos la ceremonia aquí, en plan rápido, y luego la trasladaremos donde haya menos gente.» En la visión que había tenido a primera hora de la mañana supe que Jill estaría frente a mí, y que Diana y Kristi se colocarían frente a frente. Cuando las cuatro nos sentamos, la multitud siguió moviéndose a nuestro alrededor; parecía ignorar nuestra presencia. «No te molestes en ponerte demasiado cómoda», me dije, «¡no estaremos aquí mucho rato!»

Empecé la ceremonia diciendo: «Círculo interior, mirémonos a los ojos. Círculo exterior, sostennos.» Hicimos tres profundas inspiraciones y sentí que la energía del círculo interior se centraba en el lugar; fue como si el tiempo cambiase y en lugar de precipitarse hacia delante se encaminara a un lugar del ser situado en el eterno momento presente. A pesar de que podía sentir el asombroso poder y la energía que emanaba del círculo, seguía nerviosa por lo que estaba sucediendo fuera del grupo. Eché un vistazo y mi cuerpo sintió alivio y alegría. La gente nos rodeaba con curiosidad y una energía total, abierta por completo a lo que estábamos haciendo. Contábamos con el apoyo absoluto de unos desconocidos.

Mis expectativas y mis miedos se desataron cuando miré hacia arriba y vi a la gente con lágrimas en los ojos, y que unos cuantos habían levantado los brazos al sentir la energía que estábamos creando. Sonreí a Jill y le dije al grupo: «Muy bien, poneos cómodas. Vamos a quedarnos un buen rato.» Cuando volví a mirar a los ojos a Jill, sentí que nuestro círculo se estrechaba y se sumía profundamente en la energía electrizante del momento.

Sentí que éramos un organismo, pura energía en movimiento. Invité a Diana y a Kristi a que sacaran el cáliz y el agua que habíamos llevado con nosotras. Fue como si ese cáliz y esa agua aparecieran en sus manos; la energía no varió en absoluto. Supe que en ese momento algo mucho mayor que nosotras estaba actuando. Instintivamente Diana mostró el cáliz y unió las manos con Kristi mientras esta vertía el agua y ambas desprendían la energía sanadora de la luz y el amor.

«Ahora muéstralo al cielo», susurré, y levantaron el cáliz dejando que el sol se filtrara por él. Sentí como si la energía nos hablara, se elevara desde la base de la pirámide y entrara en el cáliz mientras un rayo de luz descendía del cielo. «Vierte un poco en la pirámide.» Se palpaba la emoción y se veían lágrimas de alegría mientras el agua fluía por encima de la piedra. Nos quedamos sentadas un rato más, bañadas en el resplandor de la energía. Mojé los dedos en el agua y bendije a todas las mujeres de nuestro círculo tocándoles con un dedo mojado el tercer ojo.

Todavía me saltan las lágrimas cuando revivo lo que sucedió a continuación. Una voz en mi interior me indicó: «Ahora comparte esto con la gente.» Me volví a Diana y le dije: «Levantémonos y compartamos el agua con todos.» Ella empezó a bendecir a la gente, y las mujeres se acercaron a ella. Las madres levantaron a sus bebés para que fueran bendecidos. Las chicas acercaron sus joyas. Una japonesa se aproximó para que la bendijéramos y luego cogió agua con sus manos para su marido, que estaba grabándolo todo en vídeo. Animé a Kristi a que también se levantara, y entonces vi que necesitaban ayuda, así que yo también me levanté. Muchachos, mujeres mayores, hombres adultos… todos vinieron con las manos extendidas, respetuosos, admirados, abiertos. Yo recogía agua con las manos una y otra vez y me volvía hacia la gente para verter esa agua en sus manos, y luego les tocaba la frente. Las mujeres cogían el agua de mis manos y la llevaban a sus hijos. Una mujer lloraba y nos daba las gracias sin cesar. Un hombre me preguntó:

—¿Qué está haciendo?

—Estamos bendiciendo el agua de Teotihuacán —le contesté.

Él hizo un gesto de aprobación y dijo:

—Gracias.

Salí del círculo y observé a Diana y a Kristi rodeadas de gente mientras nuestro círculo de mujeres se mezclaba con esos amados desconocidos. Luego Kristi se puso a mi lado a observar. Susurró: «Ahora vierte el agua en la pirámide.» Y un momento después Diana se arrodilló y vació el cáliz en la pirámide. Cuando regresó donde estábamos nosotras, la gente fue a tocar el agua. Nuestro círculo había vuelto a reunirse, y Diana sacó unas flores que había traído para la ceremonia. Empezamos a entregarlas a los que estaban fuera del círculo, y la gente acudió de inmediato para recibir esas ofrendas. Esos extraños se habían convertido en nuestros amigos. En ese momento se habían formado tantas filas de gente que intentaba tocar el agua que nos resultó imposible hacer una última ofrenda floral en el centro de la pirámide.

Caminamos alrededor del perímetro de esta y bendijimos todos los puntos cardinales con agua y flores. Al doblar la siguiente esquina vimos a un guía que estaba con dos clientes, y uno de ellos le preguntó:

—¿Qué están haciendo esas?

El guía, con aire de estar mofándose, respondió:

—No lo sé, y probablemente ellas tampoco lo sepan.

¡Sentí como si mi corazón se expandiera! ¡Sí! ¡No sabíamos lo que estábamos haciendo! Y estábamos siendo guiadas por completo.

La guía es esta: como mujeres que encarnamos a la Diosa Guerrera, podemos devolver la sanación al planeta y a la gente. Tenemos que ser valientes, abiertas, confiadas y dadivosas. Necesitamos superar esas viejas historias que dicen que tenemos que comportarnos como unas damas, no representar ninguna amenaza y ser normales, y además romper las cadenas de nuestros miedos para compartir nuestros dones por completo. El mundo está esperando con las manos abiertas. Es hora de terminar con el aislamiento. Es hora de dar un paso para servir a los demás.

Sé la mujer que tienes que ser. No la mujer que crees que deberías ser o la que los demás quieren que seas. Mírate en el espejo y saluda a la Diosa Guerrera interior que te está mirando. Sé su amiga. Dale tu apoyo. Ámala. Y deja que extienda sus alas para elevarse.

Cuando te abres a tu corazón, incluyendo a sus caprichos, cambias el mundo. Cuando dejas de complacer a los demás porque crees que tienes que hacerlo, cuando renuncias a intentar calzarte unos metafóricos zapatos que no son de tu número para poder ser aceptada, vuelves a tu propio hogar y te sientes cómoda contigo misma. Y cuando abrazas la preciosa Diosa Guerrera que eres, es natural que quieras que los demás conozcan también su propia verdad. Cada paso que das en tu curación, por muy diminuto que sea, crea unas ondas que sanan a todos los que te rodean. Y cada vez que abrazas tu naturaleza fiera o tu dulce quietud, cada vez que pronuncias un sí rotundo o un no claro, eso también genera ondas.

El mundo necesita tu estilo de amabilidad y amor, tu poder, tu ritual sagrado, tu creatividad, tu presencia callada, tu visión magnífica, tu encantadora tontería.

A tu salud, Diosa Guerrera: heroína encarnada, asesina de lo inconsciente, amada del mundo. Adelante y recupera tu poder.

Epílogo

Descubrí a Dios en mí misma y en su versión femenina lo amé... Lo amé con locura.

NTOZAKE SHANGE

Esta mañana he despertado de un sueño y he pensado en ti. Te he imaginado sentada delante de mí, de Diosa Guerrera a Diosa Guerrera. Te tomaba de las manos, te miraba a los ojos y te decía: «Creo en ti. Veo tu belleza. Veo tus dones. Tengo confianza en ti.»

Aunque quizá no te conozca personalmente, sé que eres digna de amor. Sé que eres un regalo para la humanidad. Y sé que probablemente necesitas una animadora dedicada, una abogada defensora. Sé que hay veces en las que quizá no tendrías que tomarte tan condenadamente en serio. Sé, sin ningún género de dudas, que eres importante y valiosa. Sé que tú eres yo, y que yo soy tú. Estamos sanando, creciendo, amándonos, cayendo y volviendo a levantarnos. Somos mujeres. Somos una fuerza que puede cambiar el mundo.

En mi sueño todas las mujeres reconocen su valía, su sabiduría, el poder sanador de sus risas. Nos tomamos de la mano de una nación a otra, de una religión a otra, superamos cualquier división. Y alargamos la mano para invitar a todos los niños, a todos los hombres y a todo ser, independientemente de su sexo, creencia o experiencia, a que nos den la mano. Tejemos una red de aceptación, respeto, amor y perdón.

Y luego nos ponemos a trabajar celebrando la vida, bailando sumidas en nuestros miedos y alimentando la chispa insolente que hay en cada una de nosotras.

Sé una Diosa Guerrera. Sigue limpiando, sigue viviendo las lecciones de la Diosa Guerrera. Comprométete contigo misma. Alinéate con la vida. Purifica tu receptáculo. Enraíza tu ser y libera el pasado. Energiza tu sexualidad y creatividad. Apela a tu fuerza y activa tu voluntad. Abre tu corazón. Di tu verdad. Encarna tu sabiduría. Elige tu camino. Repite.

Sigue afirmando tu persona y deja que el néctar de tu sí fluya para que los demás puedan encontrar su único y divino sí. Sé una inspiración. Sé tú misma.

Agradecimientos

En mi vida desfilan una gran cantidad de personas a quienes tengo que dar las gracias y con quienes tengo que compartir mi inmensa gratitud. Son muchos los que a lo largo de estos años me han inspirado, alimentado y desafiado para que me convierta en una Diosa Guerrera. A continuación detallo algunas de las «familias» de las que formo parte y por las que me siento bendecida:

La familia Ruiz y su equipo, mi familia de corazón: don Miguel Ruiz, don Miguel Ruiz hijo, Susan Ruiz, José Luis Ruiz, Coco, Gaya, Raquel, Karla, Eva. Sois una luz increíble. No tengo palabras para expresar cuánta gratitud siento por usted y por su amor, don Miguel. Y mi extrema simpatía por todos los maestros toltecas que me acogieron como alumna bajo el tutelaje de don Miguel. Os quiero mucho.

A mi increíble editora, Randy Davila, y la familia de los Eventos del Conocimiento Interior / del Sumo Sacerdote: Jacob Norby, Allison Jacobs, Kim Coley, Rachel Davila y la editora Susie Pitzen. Randy, gracias por creer en mí. Hace muchos años recé para que alguien del mundo editorial pudiera ver mi potencial como escritora y me ayudara a formarme para llevarlo a la práctica. Vosotros lo habéis logrado y habéis hecho mucho más por mí.

A la familia nuclear Toci (el Centro Tolteca del Propósito Creativo), alias Pantalones Centelleantes: Diana Adkins, Mary

Adams, Shiila Safer, Coral Nunnery, Monique Barrow, Ben Barrow, Dan Gauthier, Keely Hamilton, Kerri Hummingbird y Mary Nicosia; me encanta crecer en Toci con vosotros. A los amigos / familia tolteca / Las Trece Lunas que me dan todo su apoyo: Lorri Rivers, Ceci Zúñiga, Laura Toups, Deborah Williams, Walker Mencia, Jewel Lotus, Angela Murphy, Brenda Lee Gauthier, Diana Spicer, Tammy Shotwell, Kara Watson, Katherine Daniels, Niko Bivens, September Scheldrup, Radha Bhrid Ghain, Sloan Christagau, Marilyn Brown, Maya Adjani, Yonatan Hoffman, Suzanne McBride, Stephanie Lowe, River Menks, Stephen Seigel, Karen Wecker, Jai Cross, Cindy McPherson, Kevin Flores, Trisha McWaters, RMaya Briel, Mark Kuhlman, River del Llano, Nikki Davis y Grabriel Haaland.

A todos los que aparecéis en esta lista, y a los muchos que he obviado… este reconocimiento ocuparía varias páginas si compartiera lo que llevo en el corazón con cada uno de vosotros. Hay muchas más personas en la familia Toci, y os envío todo mi amor por formar parte de un sueño comunitario tan hermoso y por sanar conmigo.

A mi tribu Sundoor: Peggy Dylan, gracias por haber mantenido encendido el fuego de tu corazón hasta el punto de que ahora su brillo resplandece en el de muchos otros. Mi gratitud hacia Cindy Bond, Steve Brougher, Taya Stanley, Barbara Briner, Steve y Vicki Mulhearn y todos los instructores y bailarines que caminan sobre el fuego del planeta.

A mis co-creadores de la tribu de la Sabiduría, la Ubicuidad y la Tierra y a mis queridas amigas Judith Yost y Weill Taegel: nunca dejáis de asombrarme. Mi gratitud a todos los maestros y estudiantes de la Escuela Universitaria de la Sabiduría por fusionar corazón y cuerpo con intelecto.

A mis mentoras: Vicki Noble y Cerridwyn Falling-Star, mis primeras dos maestras que prendieron en mi corazón la pasión que siento por la diosa. A Ana Forrest y a la familia de Yoga Forrest por darme un buen par de empujones en mi formación como maestra y por muchas cosas más. Ana, mil gracias por tu amistad y tu apoyo perdurables. A Janet Mills por creer en mí y por guiarme. Soy muy feliz al haber formado parte del sueño de los *Four Agreements* contigo y la familia editora de Amber-Allen. A Gini Gentry, gracias por haber sido mi espejo sagrado y por tu humor. A Sarah Rose Marshank, gracias por tu grandísimo amor y por ser una hermana / mentora / amiga mágica. A Audrey Lehmann, mi gratitud por nuestra amistad duradera. A Diana Adkins, gracias por tu apoyo sorprendente y amoroso a la causa de Toci y a mí misma.

A mi familia nuclear: mi madre, Maggie Gaudet, y mi hermana, Christy Gaudet, por haber sido unas animadoras asombrosas. ¡Sois la mejor familia que jamás habría podido tener! A T, por haberme apoyado tanto, por hacerme reír, por ser tan aventurera como lo soy yo. Por sus numerosas creaciones mágicas en la cocina, en el jardín y por muchas cosas más. Para la familia de mis hermanas diosas Davis: Autumn, Isis, Saurin, Heather, Aimee y Jesikah. Gracias por amarme a pesar de todo. A mis ahijados Rowan, Nash, Kyra y Amara. Traéis la esperanza y la alegría a mi corazón.

Y finalmente, gracias a todos los seres que a lo largo de estos años habéis formado parte de los círculos de Las Trece Lunas en todo el planeta. Este libro es realmente para vosotras, inspirado por vosotras. Gracias por leer este libro, querida lectora: bienvenida a la familia de la Diosa Guerrera. Os doy las gracias por vuestra valentía, vuestra disposición y vuestro ser fabuloso y único. ¡Seguid brillando!

Bibliografía complementaria

Hay libros preciosos y poderosísimos para las mujeres. Y hay muchos. Os brindo a continuación una pequeña muestra de algunas de mis autoras favoritas seleccionadas en función del capítulo. Comparte tus favoritas con nosotras en:

http://www.facebook.com/warriorgoddesswomen

Introducción: Vive tu grandeza de Diosa Guerrera

When God was a Woman, Merlin Stone

El cáliz y la espada: la alternativa femenina, Riane Eisler

Warrior Women: An Archaeologist's Search for History's Hidden Heroines, Jeannine Davis-Kimball y Mona Behan

Lección uno. Comprométete contigo misma.

Cuando todo se derrumba: palabras sabias para momentos difíciles, Pema Chödrön

Fierce Medicine: Breakthrough Practices to Heal the Body and Ignite the Spirit, Ana T. Forrest

Femme Vital!, Peggy Dylan

Lección dos: Alinéate con la vida

La danza en espiral: un amor infinito, Starhawk

Encuentre su propia estrella polar: reclame la vida gozosa y feliz que está destinado a vivir, Martha Beck

There is Nothing Wrong With You: Going Beyond Self-Hate, Cheri Huber

Broken Open: How Difficult Times can Help Us Grow, Elizabeth Lesser

Lección tres: Purifica tu receptáculo

La mujer Shakti, Vicki Noble

Libérate con el Feng-Shui, Karen Kingston

Your Spacious Self: Clear the Clutter and Discover Who You Are, Stephanie Bennett Vogt

Lección cuatro: Enraíza tu ser y libera el pasado

La mujer herida: cómo sanar la relación padre-hija, Linda Schierse Leonard

Hijas y madres: una relación que puede funcionar, Julie Firman y Dorothy Firman

Aceptación radical: abraza tu vida con el corazón de un Buda, Tara Brach

Lección cinco: Energiza tu sexualidad y creatividad

Sexo para uno: el placer del autoerotismo, Betty Dodson

Aphrodite's Daughters: Women's Sexual Stories and the Journey of the Soul, Jalaja Bonheim

Better Than I Ever Expected: Straight Talk About Sex After Sixty, Joan Price

Lección seis: Apela a tu fuerza y activa tu voluntad

Revolución desde dentro: un libro sobre la autoestima, Gloria Steinem

Vayamos adelante (lean in): las mujeres, el trabajo y la voluntad de liderar, Sheryl Sandberg

Bailando entre llamas: la diosa negra en la transformación de la conciencia, Marion Woodman y Elinor Dickson

Lección siete: Abre tu corazón

Ama porque sí: 7 pasos para crear una vida de amor incondicional, Marci Shimoff

El corazón del mundo: la meditación budista y el secreto de la felicidad, Sharon Salzberg

Belonging Here: A Guide for the Spiritually Sensitive Person, Judith Blackstone

Lección ocho: Di tu verdad

The Dance of Connection: How to Talk to Someone When You're Mad, Hurt, Scared, Frustrated, Insulted, Betrayed, or Desperate, Harriet Lerner

Frágil: el poder de la vulnerabilidad, Brené Brown

Everything is Workable: a Zen Approach to Conflict Resolution, Diane Musho Hamilton

Lección nueve: Encarna tu sabiduría

La intuición en el amor, Sherrie Dillard

Despierta tu intuición y utiliza su poder para sanar tu vida, Mona Lisa Schulz

Encuentre su meta en la vida, Carol Adrienne

Lección diez: Elige tu camino

Las cuatro sendas del chamán: el guerrero, el sanador, el vidente y el maestro, Ángeles Arrien

Si quieres es posible: una guía para alcanzar tu verdadero potencial, Jean Houston

Wisdom's Choice: Guiding Principles from the Source of Life, Kathryn Adams Shapiro

Recursos

Visita la página web de la Diosa Guerrera interior y consigue recursos adicionales en:

www.warriorgoddess.com

Di que te gusta la página de Facebook de la Diosa Guerrera y obtén inspiración diaria en:

www.facebook.com/warriorgoddesswomen

Únete a mi círculo global de la Diosa Guerrera interior a través de la Red. Para más información visita:

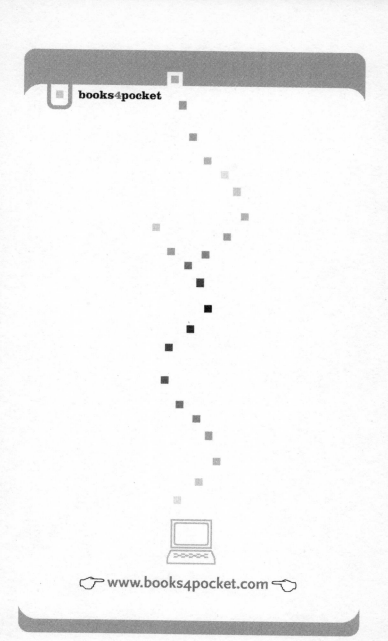

books4pocket

www.books4pocket.com